LARGE PRINT
WORDSEARCH

LARGE PRINT
WORDSEARCH
Easy-to-Read Puzzles

SIRIUS

SIRIUS

This edition published in 2024 by Arcturus Publishing Limited
26/27 Bickels Yard, 151–153 Bermondsey Street,
London SE1 3HA

Copyright © Arcturus Holdings Limited
Puzzles by Puzzle Press

ISBN: 978-1-3988-2011-1
AD011405NT

Printed in China

GREEK DEITIES

ADONIS

AETHER

CRONUS

EILEITHYIA

EOS

EPIMETHEUS

EPIONE

EREBUS

EROS

EURYNOME

```
R M V G H V S U N A R U Z C Q
K V H Y A O O Y L E N O I P E
I K M C U P I L M T E W G P S
P E Q P H O E B E H M Q I E U
N K C C W D Y U Y E N M U R E
S Y E R R Q R Z K R E Q A X H
G O X I O Y N A M T E I F K T
S S Z H N N E O H L Y R G D E
S O I O Y O U E D H A R O S M
Y C M N C G U S T I E L T S O
H E L I O S E I A N E O E A R
T A P Z W D E I Q Y R S E Z P
E N P A L L A S A A R H O O V
T U N S I J S U B E R E Y P K
H S D E V N L Z P A I A G N T
```

GAIA

HELIOS

HYGEIA

HYMEN

NYX

OCEANUS

PALLAS

PERSES

PHOEBE

POSEIDON

PROMETHEUS

RHEA

TETHYS

URANUS

THE BEST

CAPITAL

CHOICE

ELITE

EXEMPLARY

FINEST

FIRST-RATE

FIVE-STAR

GREATEST

HIGHEST

IDEAL

JEWEL

LEADING

NICEST

OPTIMUM

PERFECT

PRE-EMINENT

PREMIER

PREMIUM

PRIDE

SELECT

STERLING

SUPERB

SUPREME

TIPTOP

```
C O A L S U B R E P U S T G G
X P R E E M I N E N T C V Q G
L E W E J A A Y L Q E R V X N
H N T O I I D M Y L Y L P X I
J I Z J F M A I E O U G I N L
H T G G I M E S N M X D F T R
W C A H V V U R Q G E L A T E
T E C T E X E M P L A R Y W T
S F A K S S M U I M E R P S S
E R P H T E T I P T O P E U X
T E I E A Y N O P D P C M I S
A P T E R L P I R R I O D J W
E T A R T S R I F N I E A F D
R E L D L P D G M K A D V T X
G O E C I O H C B L Y I E S F
```

BOOK TITLES

APOLOGY

ARCHANGEL

BERENICE

BLUBBER

CARRIE

DEENIE

DRACULA

DUNE

EMMA

ENIGMA

KANE AND ABEL

LITTLE MEN

OFFSHORE

ROOTS

SHIVER

THE CHOSEN

THE CLIENT

THE IDIOT

THE ILIAD

THE PRINCE

THE SECRET

VANITY FAIR

WHITE FANG

WOLF HALL

```
N E C N I R P E H T T X R H X
E D Q B O E A E Y V H B I I W
M N E O Y M K I C T E R A D E
E P T R G A R N N T C E F G C
L S U I O Z M E H H H V Y N I
T D N M Y H I E W E O I T A N
T E K J W L S D B I S H I F E
I N V S C E R F U D E S N E R
L U P E C E J B F I N M A T E
B D H R B A P O L O G Y V I B
A T E B U H S I N T B X R H F
G T U E Z A A L U C A R D W E
T L E B A D N A E N A K V M I
B X M L E G N A H C R A M Q L
L L A H F L O W U U S A U M D
```

INVENTORS

BABBAGE

BELL

BENDIX

BIRO

BRUNEL

BUNSEN

CARLSON

COLT

CROMPTON

DE SEVERSKY

DIESEL

DYSON

EASTMAN

EDISON

GATLING

GRAMME

LANGLEY

LEBON

MENDELEEV

NEWTON

PASCAL

PERRY

SCHICK

VOLTA

```
L  I  N  T  Z  N  P  N  O  S  L  R  A  C  U
L  S  D  R  O  V  N  Y  A  H  E  J  P  W  X
E  N  L  T  D  O  I  K  P  A  S  C  A  L  R
B  V  W  A  B  U  N  S  E  N  E  E  B  Q  V
E  E  B  E  N  O  R  R  C  M  I  L  T  O  M
N  N  L  H  A  G  E  E  E  H  D  T  L  Y  E
O  N  O  E  R  J  L  V  M  M  I  T  Y  E  N
S  A  A  T  D  X  G  E  B  P  A  C  K  R  D
E  M  G  J  P  R  Q  S  Y  N  E  F  K  P  E
G  T  U  A  A  M  L  E  S  O  N  R  C  O  L
A  S  O  M  T  C  O  D  A  S  O  N  R  D  E
B  A  M  Q  G  L  M  R  C  Y  C  I  W  Y  E
B  E  N  D  I  X  I  I  C  D  B  O  I  S  V
A  A  N  Q  B  R  U  N  E  L  U  S  L  E  U
B  N  O  S  I  D  E  V  G  J  G  R  T  T  E
```

FABRICS

ALPACA

ANGORA

BAIZE

CALICO

CAMEL HAIR

CREPE

DAMASK

DENIM

DRALON

FELT

R	J	S	S	A	T	E	F	F	A	T	S	K	K	E
H	U	I	O	R	K	T	C	G	B	E	R	M	K	D
R	D	L	A	W	N	O	N	S	M	G	Q	V	G	Y
D	I	K	G	B	A	I	Z	E	S	E	A	Z	V	T
P	E	A	M	K	K	L	Q	O	T	X	P	V	Q	Z
V	G	N	H	C	R	E	K	C	U	S	R	E	E	S
C	Z	R	I	L	D	O	A	G	X	H	A	N	R	O
D	W	T	E	M	E	C	U	P	U	S	Y	X	E	C
I	I	T	D	H	A	M	X	X	A	Y	O	Q	G	I
S	P	A	U	P	T	M	A	Z	Z	K	N	K	R	L
E	Z	L	L	L	O	A	N	C	E	F	S	J	E	A
R	L	A	R	P	L	A	E	C	E	A	E	E	S	C
X	Q	S	U	L	G	E	K	L	M	F	Y	E	P	X
V	N	A	I	R	R	D	T	A	P	E	P	L	U	M
M	G	N	O	L	A	R	D	A	R	O	G	N	A	R

LAWN

LEATHER

LISLE

ORGANZA

PEPLUM

PLAID

RAYON

SEERSUCKER

SERGE

SILK

TAFFETA

TICKING

TOILE

TULLE

 **PIES**

APPLE

CHEESE

CHERRY

CREAM

CRUST

CUSTARD

FISH

FRIED

FRUIT

GRAHAM
  CRACKER

GRANDMA

LEMON

MERINGUE

MINCEMEAT

OVEN

R	A	O	N	J	Y	N	D	M	C	J	K	T	S	O
E	W	P	X	I	E	P	G	X	A	F	H	U	F	N
K	G	L	P	V	S	C	I	W	W	E	Q	A	S	N
C	K	E	O	L	C	I	G	Z	A	Z	R	T	A	Y
A	F	M	T	T	E	R	A	B	Z	N	R	C	R	B
R	V	O	X	A	T	I	U	R	F	A	E	R	G	K
C	M	N	M	N	E	R	W	S	W	P	E	H	C	R
M	C	N	A	M	B	M	A	B	T	H	G	U	A	F
A	I	H	W	X	E	W	E	T	C	K	R	B	S	T
H	Q	Z	E	Z	D	R	U	C	R	M	A	A	T	A
A	C	V	X	E	R	Z	I	O	N	I	N	R	E	M
R	T	A	I	Y	S	F	P	N	R	I	D	B	R	A
G	V	R	E	I	J	E	I	X	G	T	M	I	D	L
H	F	B	M	P	W	L	O	S	O	U	A	L	W	E
T	B	D	R	A	T	S	U	C	H	Q	E	A	B	C

PEACH

PECAN

PIZZA

PORK

RAISIN

RHUBARB

STRAWBERRY

TAMALE

TART

SOLD IN BOXES

CAKES

CANDY

CEREAL

CIGARS

COOKIES

CRACKERS

CRAYONS

DRILLS

EGGS

JIGSAW PUZZLES

MATCHES

NAILS

PAPER

PENCILS

PENS

RIVETS

SCOURING PADS

SCREWS

SHOES

SOAP

TACKS

TEA BAGS

TILES

WINE

```
Y N S E L Z Z U P W A S G I J
U D T A B U S S C Y D H C S Y
R U N Q L R L T T R P T L C S
U T J A A I F I O Y A I R R D
E M X G C Z R L Q X A E M E A
C Q I N K U P E N N A A U W P
U C E S R R D S V A T K S S G
S P F E G R O F B C P S T K N
N R P M I A V C H H E H E C I
E A E L P V E E O O C L V A R
P E L K Q T S N H O A H I T U
I S V U C P R S I D K O R K O
M T E A B A G S G W E I F D C
K N Q J K G R E C T S R E Z S
L A E R E C O C R A Y O N S D
```

PUNCTUATION

ARROW

BRACE

CARET

CIRCUMFLEX

COLON

COMMA

CROSS

DEGREES

DOLLAR

ELLIPSIS

EURO

HASH

HYPHEN

MINUS

OBELISK

```
N R K S I L E B O E P A H A K
N R O O L J D Q L A R H S U R
Q P I T I Q F U M R Y W A D Z
D U C T A L G M O P D Z H N S
E R O E U R O W H S S B E U C
G A L T I C A E P B E X L O I
R L O V A E N P S I U P L P R
E L N H D T V C E Z Q A I M C
E O U L Z E I R M S I H P X U
S D I N Z R M O I R L R S Y M
V T H S U A U S N M B S I Z F
D M Y T G C J S U M O R S V L
V P I X B L U F S V A J A Z E
P C S U D I L O S O Z R X C X
K E K J V X M F W V W O K F E
```

OBLIQUE

SOLIDUS

PLUS

TICK

POUND

TILDE

QUOTATION MARK

VIRGULE

SEPARATOR

DENTISTRY

BITE

BRACE

BRIDGE

CALCULUS

CANINE

CHAIR

CROWN

DECAY

DENTINE

DENTURES

DRILL

GUMS

MOUTH

NURSE

ORAL

PLAQUE

PLATE

PULP

ROOT

STUMP

TARTAR

TEETH

ULCER

WATER PICK

```
O R N I H A Y E L L T E J S Y
S R E C L U O Q A E M Y C L S
D E N T I N E R P G C O K M U
B B R W T K O M D D P R U A B
C X O U Z R J C X I O G O T K
H T E E T A R T A R B W B W H
E A C T F N L L I B N R C W N
N I H Q E G E A G U V U A I U
I N Y U X P H D R J L T L C D
N G X A L C L S P L E Z C X E
A Y B Q C Q E U I R S G U F S
C K R X G E N R P O P T L G B
P L A T E V D I T O O R U U Y
G W H E V K C B N W L G S M L
E T I B T K Y O T E U Q A L P
```

BRISK

ACTIVE

AGILE

ALERT

BRACING

BRUSQUE

BUSINESSLIKE

BUSTLING

BUSY

CRISP

DYNAMIC

EFFICIENT

ENERGETIC

HASTY

KEEN

LIVELY

NIMBLE

QUICK

RAPID

SHARP

SMART

SNAPPY

SPIRITED

VITAL

ZIPPY

```
L D Q E I L S S G G U Y D U L
Z V E R Z H O P N S L L M V S
S I T R A J Z I I A L E R T E
G Y U R L I C R L B X V C K O
N F P A A A H I T P A I I O T
J I T P R M P T S F D L H L N
K I M B A E S E U Y S S H Y E
V C M B V N U D B S S A Q N I
J O I I L Z S Q E S S U E T C
I L T U E E X N S T Z R B E I
V C R C Q L I A Y U G I W X F
A S A U P S I R C E R N P W F
A H P O U D R G T Y G B E P E
C N I B Z Z X I A F R I O E Y
O U D B E O C I M A N Y D Q K
```

 **CONTAINERS**

BASIN

BATH

BOWL

BOX

BUNKER

DISH

DRAWER

DRUM

GLASS

GOBLET

HAVERSACK

JUG

KEG

LADLE

RELIQUARY

SCHOONER

SCUTTLE

STEIN

TANKARD

TRAY

TROUGH

VAULT

VESSEL

WATERING CAN

```
C M H E V A P S M C U D X S V
Y U V P L H C S E O W O E C S
H R L G S T Q T K Q B P T H U
G D V U I A T L B Z F G G O V
U H E W B B D U N O E U L O C
O L S A N L N A C K J Y W N U
R X S T I K O V T S O T O E Y
T I E E E L E W D L R B R R R
N T L R T H L K F G L A S S A
S O A I S B B D S L Q Y D F U
L I U N O Z I U D R A W E R Q
A B Q G K S Z Q P Y M Z J C I
D J D C H A V E R S A C K T L
L U Z A C Q R O S U B B F K E
E E M N O Z V D C A Q X W M R
```

MONSTERS

BALROG

BOGEYMAN

CHAMP

CYBERSAUR

CYCLOPS

FAFNER

FASOLT

FENDAHL

HYDRA

JERSEY DEVIL

LEVIATHAN

LOCH NESS

MACRA

MEDUSA

NAZGUL

SHELOB

SHOGGOTH

SMAUG

STRIGOI

THE BLOB

THE THING

WEREWOLF

WOLF MAN

YETI

```
P P Q G O C N S S H E L O B D
O M I N Q H X A P T C H U M P
F K A I W F T X H O R A B Q V
L Q T H E B L O B T L I C D X
O Y L S C B R M G O A C G I S
W P K I F L A U C G T I Y O J
E B R D V C H H A L O W V C I
R O E D R E N A O S C H W E Q
E G N A G E D S D D R O S B L
W E F U S U A Y H N L E A Y L
C Y A S O F O Y E F E L B U K
E M F A S U D E M S R F G Y Y
S A K X O R R A C O R Z S E C
T N H G A G N M G E A E T R D
G N I H T E H T E N P I J J B
```

DOUBLE N

ANNIHILATED

ANNOYING

ANNULAR

ANTENNA

BONNET

CANNELLONI

CENTENNIAL

CINCINNATI

CUNNING

FUNNEL

GRINNING

HENNA

INNATE

KENNEL

LINNET

NANNY

NUNNERY

QUESTIONNAIRE

RUNNING

SUNNY

TENNIS

TYRANNY

UNNECESSARY

VIENNESE

```
P I B E N N U K L Z A S Q C L
C Y R A S S E C E N N U A I E
A N V U F C B O N N E T N N N
N E I S N S E E B S N N N C N
N U E Y U N T N T B A E U I U
E N N N N I I T T A N L N F
L W N N A N O N E E N G A N Y
L Y E F E N A Y G I N N R A S
O U S N N R C R N I I N N T E
N L E A W G Y G Y N N A I I N
I S I N N E T O A T A U C A N
C R G N I N N I R G L N G N L
E N J N N N E W P Z R D N F M
T D E T A L I H I N N A R C T
T N N M R G W L T E N N I L W
```

 **LITERATURE TYPES**

ALLEGORY

CHILDREN'S

COMEDY

CRIME

DRAMA

EPIC

EPISTLE

ESSAY

FANTASY

FICTION

E	S	H	C	G	U	R	Y	M	P	F	P	L	F	K
P	Y	L	H	H	J	I	H	A	H	R	N	I	K	X
E	D	F	I	C	T	I	O	N	S	P	O	T	F	Y
L	O	Y	L	T	W	H	T	C	B	S	V	S	G	Y
T	R	R	D	W	R	D	B	V	H	E	E	O	E	S
S	A	O	R	A	L	E	V	A	R	T	L	P	H	A
I	P	G	E	E	M	D	A	S	N	I	F	M	S	T
P	J	E	N	R	M	A	E	T	R	O	T	E	N	N
E	O	L	S	J	M	I	R	T	I	A	C	U	L	A
P	H	L	B	K	A	R	R	D	P	S	Q	I	Z	F
D	G	A	E	R	R	T	L	C	A	T	E	P	P	S
L	H	C	O	M	E	D	Y	Q	G	N	S	S	P	E
N	K	M	A	Q	I	H	L	S	L	A	L	U	U	K
A	A	N	T	V	U	C	P	M	G	A	L	L	Q	X
N	T	V	N	O	O	P	M	A	L	P	X	B	E	X

LAMPOON	PROSE	TREATISE
NOVEL	PULP	TRIAD
PARODY	ROMAN	TRILOGY
POLEMIC	SAGA	VERSE
POSTIL	TRAVEL	

CAKES

BROWNIES

CARROT

CHEESE

CHERRY

CHOCOLATE

COCONUT

COFFEE

CURRANT

DATE AND
   WALNUT

EASTER

FRUIT

GINGER

LAYER

LEMON SPONGE

MARBLE

```
O J Q U V P P A N E T T O N E
N A E A P S E I N W O R B T L
H I P G J O Y R R E H C N E B
O W F S N R U Q E Q L A Y E R
C R M F A O L N R N R L T U A
O E A I U E P E D R F A O E M
C I S N M M E S U R L R R T A
O I W G G F B C N O E E U K S
N A E N F E N U C O T G J I V
U C L O S E N O C S M Q N P T
T A C P R A H H A R C E F I J
Q R K S J C E E Y U L E L O G
M R D A T E A N D W A L N U T
P O L M S M K V N W H W T C V
U T I E N A P I Z R A M N G E
```

MARZIPAN   RAISIN

MUFFIN   SCONES

ORANGE   STOLLEN

PANETTONE   YULE LOG

POUND

ALASKA

ARIZONA

CALIFORNIA

COLORADO

CONNECTICUT

GEORGIA

HAWAII

IDAHO

INDIANA

IOWA

A	M	I	E	D	N	A	G	I	H	C	I	M	Z	C
A	D	P	N	N	A	I	N	R	O	F	I	L	A	C
Z	N	B	U	O	I	I	I	N	I	M	A	S	M	F
K	A	I	X	B	G	A	N	F	K	K	M	O	A	R
R	L	D	L	U	G	E	M	D	S	U	W	U	S	A
O	Y	A	D	O	C	H	R	A	I	T	G	T	S	N
Y	R	H	A	T	R	S	L	O	C	A	R	H	A	O
W	A	O	I	A	C	A	A	Y	O	H	N	D	C	Z
E	M	C	G	S	O	A	C	S	Y	H	D	A	H	I
N	U	N	R	H	L	W	E	H	N	C	I	K	U	R
T	P	E	O	Y	O	O	G	S	T	A	V	O	S	A
O	F	V	E	L	R	I	S	S	A	R	K	T	E	B
P	B	A	G	H	A	W	A	I	I	X	O	A	T	T
M	D	D	Y	C	D	Y	M	S	V	A	E	N	T	P
R	Z	A	I	V	O	V	E	R	M	O	N	T	S	V

KANSAS

MAINE

MARYLAND

MASSACHUSETTS

MICHIGAN

NEVADA

NEW YORK

NORTH CAROLINA

OHIO

OREGON

SOUTH DAKOTA

TEXAS

UTAH

VERMONT

TAIL ENDINGS

BLACKTAIL

BOBTAIL

BRISTLETAIL

COATTAIL

COTTONTAIL

CURTAIL

DETAIL

DUCKTAIL

ENTAIL

FANTAIL

HAIRTAIL

MARE'S TAIL

OXTAIL

PIGTAIL

PINTAIL

PONYTAIL

RAT-TAIL

RETAIL

SPRINGTAIL

SWALLOWTAIL

TURN TAIL

WAGTAIL

WHITETAIL

YELLOWTAIL

```
L W L I A T N R U T B O C L L
I A L L L A L L L O P C I I
A G M I I I I I I O B O O A A
T T D S A A A A N F T N A M T
W A A E T T T A C A Y T A W
O I B R T K E N K A I T T R O
L L U M C A T L U C L A A E L
L C I U U A I P T N A I I S L
E D D A I A H L E S W L L T A
Y T A L T L W I A T I I B A W
C O T T O N T A I L A R B I S
L I A T X O E B F T B I B L T
A R B S P R I N G T A I L J A
L I A T J H A I R T A I L O I
L I A T N I P W L R E T A I L
```

WORDS ENDING Z

ABUZZ

BERLIOZ

BLINTZ

BLITZ

CHINTZ

ERSATZ

FUZZ

GLITZ

HORMUZ

JAZZ

```
Z G Z I U Z Z T I L G Z F C Z
P O Z V Z E U I O N T Y T O Z
Z M I T U P V N U I Z K I A E
E Z H K L Y Z V L Q Z L P N R
B R W G I A K B Z H N V S A
D Z F S P W Z A E Z Z P Z W
G Z D O P J A V B U T I N Y M
Z U T J E Z B S M N T Z E L Z
P F G R Z Z K R I Z N T G Z I
E Z E I E A O L S H I R A Z Y
Z Z P M Z H B I T I S J M Z Z
Z T R A U Q O U Z T A S R E S
N P P A U Z V L Z S L V Y U V
B A T G Z Z U M I Z Y O J S O
L S Z T N I H C W K I Z H F Z
```

JEREZ

KILOHERTZ

LA PAZ

OYEZ

PIZZAZZ

QUARTZ

QUIZ

SHIRAZ

SPITZ

SUEZ

TOPAZ

WALTZ

WAREZ

WHIZZ

FICTIONAL SLEUTHS

BERGERAC

CAGNEY

CLOUSEAU

COLUMBO

CREEK

FOYLE

HAZELL

HOUSTON

IRONSIDE

LAIDLAW

LYNLEY

MAGNUM

MARLOWE

MCGILL

MORSE

NERO WOLFE

PERRY MASON

QUINCY

SAM SPADE

SEXTON BLAKE

SHANNON

SHAYNE

SPENCER

WEXFORD

```
S E E K A L B N O T X E S N L
B E R G E R A C J O S E P H L
A X U S L A I D L A W N E U E
I U R E W O L R A M E O D A Z
P O Q Z C Y C S M R I T I E A
M O Q U N V A A O X P S S S H
B Q B L I M G W D E Y U N U N
W X E M S N O R R E E O O O L
S Y S P U L C R O T N H R L H
Q P A M F L Y Y F F G Y I C E
F D E E N M O K X B A G A L G
E N I N A F E C E V C M Y H H
D H T S C E E U W M F O A Z S
A Y O S R E Y E M C F U R L A
E N U C F M R N N O N N A H S
```

CATS' NAMES

ANGEL

BUDDY

CALLIE

CHARLIE

CHESTER

COOKIE

DAISY

DUSTY

LUCY

MARMALADE

L	X	D	L	C	O	D	S	X	Y	R	C	S	U	L
Y	T	T	I	K	S	S	I	M	T	S	I	Z	I	A
A	O	M	L	L	E	B	R	E	K	N	I	T	K	H
Y	B	H	A	P	G	S	A	T	J	S	C	A	B	S
Y	Y	M	E	R	W	U	S	E	S	H	A	R	D	A
H	C	C	I	I	M	G	C	W	A	L	P	E	Y	S
I	I	U	L	S	F	A	A	R	L	W	V	T	N	L
D	H	L	L	T	D	R	L	A	Y	X	S	S	R	K
H	O	K	A	R	C	I	B	A	D	U	L	E	K	G
W	Y	T	C	F	E	W	T	F	D	R	E	H	S	R
S	E	I	K	O	O	C	S	H	U	E	G	C	D	R
U	U	G	T	N	O	M	I	S	B	V	N	H	A	G
L	I	E	S	S	B	M	U	R	U	I	A	C	M	I
H	V	R	R	R	V	V	N	S	Q	L	S	A	I	G
E	S	R	E	K	S	I	H	W	A	O	M	F	E	O

MISS KITTY   SIMBA   TINKERBELL

OLIVER   SIMON   TOBY

OSCAR   SNOWBALL   WHISKERS

RASCAL   SUGAR   WILLOW

SASHA   TIGER

 **ASTEROIDS AND SATELLITES**

CALLISTO

CHARON

DEIMOS

DESPINA

ENCELADUS

EROS

EUROPA

GALATEA

HELENE

HYDRA

M	R	S	V	K	H	E	Z	L	A	J	S	S	V
H	D	O	I	K	C	A	X	A	E	P	C	U	D	S
S	F	R	R	N	N	U	I	U	T	Z	D	I	I	I
R	U	E	T	O	D	T	P	I	A	A	E	A	S	A
A	P	N	R	O	R	A	T	C	L	H	I	A	Y	R
B	E	A	A	O	H	A	D	E	A	Y	M	B	U	N
H	H	H	P	J	N	P	C	N	G	P	O	Y	N	A
C	M	D	R	I	S	N	P	G	A	E	S	O	X	Q
A	E	Z	A	X	E	U	Y	A	U	R	T	W	D	G
L	P	A	C	K	M	S	E	E	S	I	I	S	I	M
L	I	S	A	R	D	Y	H	T	R	O	B	M	E	N
I	E	N	E	L	E	H	M	T	O	N	E	J	R	G
S	S	A	M	I	M	T	H	S	M	R	Z	G	E	C
T	A	P	O	R	U	E	M	D	E	S	P	I	N	A
O	G	B	M	T	O	T	Q	A	W	T	P	A	H	T

HYPERION

JANUS

MIMAS

MIRANDA

NEREID

PORTIA

PROTEUS

PUCK

RHEA

SAPPHO

SIARNAQ

TETHYS

TITANIA

TRITON

WATERFALLS

BOW GLACIER

BROWNE

EMPEROR

FITZROY

HALOKU

HAVASU

HIGH FORCE

IGUASSU

KRIMML

LANGFOSS

MELINCOURT

MINNEHAHA

MOORE COVE

MUTARAZI

OLO'UPENA

RAVEN CLIFF

RHINE

RINKA

SLICK ROCK

TOLMER

TUGELA

VICTORIA

WATSON

YOSEMITE

```
E T R U O C N I L E M A R D I
M O O R E C O V E M Y L A P P
F H A H A H E N N I M Z G R B
L F I T Z R O Y G U V I E H V
R R I N K A D U L I E I R I D
O S H L B N A L Z M C L C K T
R Y S B C S W A G A R T B K J
E W A O S N R J L U O A R C Y
P A U U F A E G B R F N O O O
M T J T T G W V I S H E W R S
E S R U R O N A A A G P N K E
U O M G B H A A V R I U E C M
Y N V E O M I A L Q H O X I I
U K O L A H S N U N D L M L T
I C L A A U P R E M L O T S E
```

LISTS

AGENDA

ALMANAC

BLACKLIST

CENSUS

CONTENTS

DIARY

DOCKET

FILMOGRAPHY

INDEX

INVENTORY

INVOICE

LEDGER

LEXICON

LOGBOOK

MENU

RECIPE

RECORD

ROLL

ROTA

SERIES

TABLE

TALLY

TARIFF

WHO'S WHO

```
T O A S T A D U A L U Y O U I
S A T Y W K N S E A L R E T M
Y R L J Q E F Y E A T O M E E
H D O L M Y Y L L I A T R K B
P R C T Y R O M N D R N L C U
A O G G A G A W Z E I E O O R
R C A I B N H Q Z G F V S D B
G E D O A F U D E F N Q U L
O R O C S K T I N V O I C E A
M K B W R A R I T U R N E D C
L Y H H B E S T J E D D N U K
I O Z L G S I M C B U E S P L
F T E D G U D I K C G X U Z I
H V E G V Y P F K A A V S T S
H L S T N E T N O C I X E L T
```

BUZZWORDS

BIG PICTURE

B-TO-B

BUY-IN

COOL

DOWNLOAD

EDUCRAT

EVENT HORIZON

FREEMIUM

IT'S A WRAP

LEVERAGE

LOGOWEAR

MINDSET

PROACTIVE

REAL TIME

SPAM

SPIN-UP

SURGE

SYNERGY

UPSKILL

USER-CENTRIC

VERBIFY

VIRTUOUS
  CIRCLE

VISIONING

WIN-WIN

```
U S E R C E N T R I C H W K M
E L C R I C S U O U T R I V D
G N I N O I S I V M S C T M A
P B N O G R T E X F L P S N O
S R L B Y E S E R N S B A E L
N A O P O Y D E S Z E I W M N
F E Q A N T E U P D J G R I W
U W U E C M B A C N N P A T O
N O R P I T P G J R O I P L D
E G R U S P I N U P A C M A R
Y O M Z B K P V E O V T Z E N
X L D A H U I H E Q W U A R M
N I W N I W Y L E V E R A G E
V E R B I F Y I L H T E I B C
N O Z I R O H T N E V E C X Q
```

DERIVED FROM GERMAN

ANGST

COBALT

CRUSH

DIESEL

ERSATZ

ESTER

FELDSPAR

FLATTER

FRANKFURTER

GARDEN

H	M	R	O	T	S	E	T	Y	P	N	F	G	T	X
S	V	K	V	O	V	A	O	R	M	L	R	S	G	O
U	G	L	I	T	Z	D	E	C	A	E	S	T	E	R
R	A	U	B	Z	E	T	O	T	B	O	K	L	A	K
C	R	J	O	L	Z	B	T	E	A	Q	F	R	Y	C
U	D	F	V	E	A	E	C	R	H	W	E	S	E	A
Q	E	G	L	L	R	I	I	Z	I	T	H	E	R	S
Q	N	S	T	S	U	O	E	T	R	D	R	E	S	K
K	V	U	A	P	N	P	A	U	G	I	A	M	D	C
V	F	T	L	T	P	O	F	S	J	E	N	U	I	U
U	Z	F	S	E	F	K	R	T	T	S	I	E	M	R
M	B	G	L	R	N	N	E	K	M	E	M	S	J	T
P	N	I	J	A	M	M	V	I	E	L	E	L	T	D
A	N	O	R	E	G	A	L	Z	Y	L	S	I	H	C
Q	L	F	F	A	P	F	E	L	D	S	P	A	R	H

GLITZ

ICEBERG

LAGER

MUESLI

PRETZEL

ROAST

RUCKSACK

SEMINAR

SNORKEL

STORM

YODEL

ZEITGEIST

ZEPPELIN

ZITHER

WAKE UP

AWAKEN

BLEARY-EYED

CEREAL

COCK-CROW

COFFEE

CROISSANT

CUP OF TEA

DAYBREAK

DRESSING

EXERCISES

GET UP

HAIRBRUSH

MUESLI

OFF TO WORK

OVERSLEPT

RISE AND SHINE

SCRATCH

SHOWER

SNOOZE

STRETCH

SUNRISE

TOOTHBRUSH

WASHING

YAWNING

```
E N I H S D N A E S I R F C Y
L N E K A W A S H I N G I N A
D A T H S I V A P E O K C E W
R V E O S D R F I E A O X W N
E S I R N U S B X E F N M B I
S O E T E T R E R F I K U L N
S E D P R C R B E U R L E E G
I A N E B C Y E H O S Z S A M
N Z T L I A E Y W T O H L R S
G C V S D I S O S O O R I Y C
H B E R G R T E N E H O U E R
U S K E E F G S T A F S T Y A
E B T V F C U P O F T E A E T
A U C O C K C R O W A T L D C
P A S A T N A S S I O R C H H
```

CAMPING

AWNING

CANTEEN

ESCAPE

FIRE

KETTLE

MARSHMALLOWS

MATCHES

MOUNTAINS

NATURE

OPEN AIR

OUTDOORS

OVERNIGHT

PEGS

POTS

PROPANE

RETREAT

RUGS

SITE

SKILLET

STAKES

STOVE

STREAM

TENT

WILDERNESS

```
U S A W S S E N R E D L I W O
T E L L I K S D M I C E G A V
C A F T A G E A G N I N W A E
E T N S E E T T A S I I N G R
W E V P Z C E P T E E M W H N
T N L F H E M A A L D A U V I
D H I E A N F O I S E E S J G
I R S R O O D T U O O R P E H
E L E G I G P E J N S T O R T
A Q P I U S S E K A T S T U E
E N A P O R P M N C Y A S T V
N I C A N T E E N A Y B I A O
C N S G A S P W R I I S C N T
T A E R T E R A T T K R O Z S
Y U S W O L L A M H S R A M T
```

 **SIGNS**

BUMPS

BUS STOP

DANGER

DIVERSION

DON'T RUN

FIRE ALARM

FLOOD

FOOTPATH

FOR SALE

HALT

```
N T Q H T A P T O O F X K S P
O S E O S E L C I H E V O N O
S P D L D D K E E P R I G H T
I M I M A F C W W O Q N H S S
O U V R W S Q R V A B A R Q S
P B E A Z C R Y C M L I O V U
V C R L E D U O M T A K T A B
P B S A I F A O F T M S H C X
O Y I E L D A N S E J C I A G
P A O R N Q O S G G E J S N N
F L N I B O D N N E P D W C I
L W J F D N O U T U R N A I N
L A T I P S O H J R M T Y E R
W O L S P O L I C E U Y U S A
D A P P Q I F W M M L N P L W
```

HOSPITAL	POLICE	VACANCIES
KEEP RIGHT	SLOW	WALK
NO U-TURN	STAIRS	WARNING
NO VEHICLES	THIS WAY UP	YIELD
POISON	UNSAFE	

M TO M

MADAM

MAELSTROM

MAGNESIUM

MAGNUM

MANNERISM

MARTYRDOM

MARXISM

MASOCHISM

MAXIM

MAYHEM

MEDIUM

MEMORIAM

METONYM

MIDSTREAM

MILLENNIUM

MINIMALISM

MINIMUM

MISINFORM

MODEM

MODERNISM

MOMENTUM

MONOGRAM

MUSEUM

MUSLIM

```
M M A G N E S I U M A Y H E M
U M M H M M A R X I S M K S R
N M M M L A J M G M R A I M O
G L I O E J I M U R A L V S F
A M M L D D I R M S A T V I N
M E U V L E O A O M E M E R I
M T I M K E R M I M Q U M E S
I O D S A T N N O C E I M N I
N N E D Y S I N I C D M H N M
I Y M R G M O M I S W K M A P
M M D M A G U C T U M M P M R
U O E D R S V R H U M A X I M
M J A A L I E G Y I M Y F M M
M M M I Y A M A E L S T R O M
I G M M M M M U T N E M O M S
```

 **THINGS THAT FLOW**

AIR CURRENT

BEER

CASCADE

CLOUDS

CREAM

EDDY

GEYSER

GRAVY

JUICE

LAVA

LIQUID

MAGMA

MILK

OLIVE OIL

PERFUME

RIPPLE

RIVULET

SALAD DRESSING

SMOKE

TIDES

WATER

WAVES

WHIRLPOOL

WINE

```
L O O P L R I H W M V U I L R
H I E D I P D F A I L I V K S
X F T P C W E G Z X N B N E L
O R P K L I M R R N J E D L J
R L L Q A A V Y F U D I P I W
E E T I X O N D I U T R D Q A
X H E N O T A C H Z M O R U V
U S A B E E E K S E H E E I E
E K O M S R V L B N A O S D S
Y V A R G Y R I U M Z D Y C P
E R W A T E R U L V U H E M J
F D E D A C S A C O I E G A A
O J D A E A D Y L R H R V E K
I U W Y Z J B C E U I A C R R
G N I S S E R D D A L A S C O
```

 **THINGS THAT ARE MEASURED**

ACCELERATION

AIRFLOW

AREA

BULK

CURRENT

EFFICIENCY

FORCE

GROWTH

HEAT

HEIGHT

LENGTH

LIGHT

MASS

POWER

PRESSURE

```
G E C K H G R O W T H F I R Q
D L L R E F K O H H D Y B V B
F U N M A Z L G T E C R O F Y
B W O A T F I G R N P K D T Q
M O I Y R E N S E E T P I F E
A L T I H E X I S A T V G R B
E F A L L X C L X X I I U I D
R F R A D I U S B T A S D T Z
A O E C F P A S I Q S P E E D
W E L F U E U S B E L S R W S
E T E P L R N E R O S I I H F
R A C O O E R P T A H D G Z A
G R C D S W W E M I T Y G H H
J E A J K M E F N H O L V M T
J S B F U V R R U T M H R C P
```

PULSE

RADIUS

RATE OF FLOW

SENSITIVITY

SIZE

SPEED

TIDES

TIME

WIDTH

AMBER

BANANA

BRONZE

CANARY

CHROME

CITRINE

CORN

FLAX

GOLDEN

HANSA

ICTERINE

JASMINE

LEMON

MAIZE

MUSTARD

NAPLES

PRIMROSE

STIL DE GRAIN

STRAW

SUNFLOWER

SUNGLOW

SUNSET

TAWNY

UROBILIN

```
M Y O E A S N A H T E S N U S
U G A N X R I B V O P W E U U
S S T I L D E G R A I N D F N
T P G R C E F Z N O A N L E G
A X R T Z I M A V P N A O N L
R B L I P V N O L J L Z G I O
D V A C M A A E N B P S E R W
N M U F B R S W Z K U C H E E
I P R Q T Z O C A N A R Y T N
L I Q E X W J S F E A L F C I
I J Z A M M D L E A Q O W I M
B K L L J O O N R E B M A D S
O F P D M W R Y N W A T R C A
R Z Q T E O W H N K Q D T X J
U T T R C F X M C I L L S R H
```

CANADA

BANGOR

BEAVER

CANORA

COCHRANE

CROSSFIELD

DUCK MOUNTAIN

EDMONTON

GANDER

HOCKEY

IQALUIT

LONDON

MANITOBA

MAPLE LEAF

NAHANNI

OTTAWA

QUEBEC

QUETICO

RED DEER

ST JOHN'S

UNITY

WABUSH

WYNYARD

YOHO

YUKON

```
C I N N A H A N U N I T Y O M
R E S L U I O L A T N R C A Y
O G L S E T I U L A Q I N E V
S O G S N H O J T S T I K R R
S K H O A V S S Q E T C L E A
F D M H R X E U U O O D V D P
I D N N H O H Q B H R A Z D J
E W O O C L G A H A E N A E D
L G D K O O C N Y B W R R E I
D S N U C A D N A Y Q A B R V
O H O Y N V Y P M B U K T B F
Y V L O N W P L E J E U I T A
C Z R R E D N A G Z B D U L O
F A R I A N M A P L E L E A F
I N I A T N U O M K C U D Z L
```

 **CAPITAL CITIES OF AFRICA**

ABUJA

ACCRA

ALGIERS

ASMARA

BRAZZAVILLE

CAIRO

DAKAR

DODOMA

FREETOWN

GABARONE

K	E	Y	E	O	U	A	G	A	D	O	U	G	O	U
E	M	M	Z	L	D	O	F	C	L	R	G	H	E	K
R	O	A	A	Y	L	R	A	C	B	G	E	L	X	O
A	L	P	X	S	E	I	H	R	C	D	I	S	M	P
R	B	U	B	E	R	S	V	A	T	L	A	E	H	I
A	E	T	T	O	D	Y	E	A	O	U	Y	K	R	E
H	D	O	D	O	M	A	E	N	Z	A	N	L	A	S
T	W	W	V	Y	H	C	G	M	O	Z	U	I	Q	R
N	A	O	Z	A	W	W	R	U	A	R	A	K	S	K
M	A	B	X	I	E	D	N	H	L	I	A	R	Y	A
M	S	A	A	A	F	D	A	M	U	J	N	B	B	L
Q	M	L	Y	R	E	B	V	T	A	I	R	X	A	D
S	A	A	Q	P	U	Y	C	B	N	C	Z	B	N	G
T	R	M	T	J	U	H	S	I	D	A	G	O	M	B
R	A	R	A	F	T	N	Y	N	A	H	J	K	T	Z

HARARE

JUBA

LILONGWE

LOME

LUANDA

MALABO

MAPUTO

MOGADISHU

NIAMEY

OUAGADOUGOU

PRAIA

RABAT

TUNIS

YAOUNDE

 **EXTINCT CREATURES**

ADZEBILL

AKIALOA

ATLAS BEAR

AUROCHS

BLACK MAMO

BLUEBUCK

BUSHWREN

CAPE LION

DODO

EZO WOLF

GREAT AUK

GYROTOMA

HUIA

KAKAWAHIE

MAMMOTH

MASTODON

MOA

PIOPIO

QUAGGA

RED RAIL

TARPAN

THYLACINE

TRILOBITE

YALDWYN'S WREN

```
M F L F E T I B O L I R T A N
N I R T E M F A I C W F O H E
E N O D O T S A M T V L R T R
R I W Z B M R K A O A O O G W
W T H I I D A R C I T D M A H
S H K A E F P M K U U O W X S
N Y K R W A K A K I B D R R U
Y L U R N A T E D C K E K Y B
W A A O M L K L Z Z A I U H G
D C T U I A V A A O E L A L V
L I A T R P M V K S W B B K B
A N E L G O O M Z Z B O I F Z
Y E R N U F C I O R I E L L W
A G G A U Q U H P T J E A F L
C A P E L I O N S J H X P R X
```

SHADES OF BLUE

AIR FORCE

ALICE

AZURE

BABY

BONDI

CAROLINA

CERULEAN

CYAN

DARK

DENIM

P	O	W	D	E	R	V	B	E	U	A	S	N	N	C
K	Z	O	N	V	R	O	C	N	V	R	Y	O	Y	O
C	Z	D	Q	P	N	R	L	I	I	E	Y	A	E	X
K	T	K	U	D	O	T	A	W	R	A	N	Y	E	N
B	T	C	I	F	C	U	Y	W	N	T	Z	A	J	P
A	E	H	R	H	E	F	O	I	F	T	C	U	V	N
B	F	I	G	M	R	T	R	K	H	M	V	E	R	Y
Y	A	J	I	I	U	S	L	E	E	T	S	B	L	E
A	K	N	W	U	L	T	R	A	M	A	R	I	N	E
R	E	S	H	P	E	R	I	W	I	N	K	L	E	L
D	O	C	U	T	A	Q	Z	X	E	U	R	T	Y	A
G	D	O	C	C	N	X	V	J	X	C	S	A	C	E
Z	M	A	N	A	I	T	P	Y	G	E	I	X	W	T
R	C	A	R	O	L	I	N	A	O	G	Z	L	J	E
Z	L	Z	K	K	A	U	E	R	I	H	P	P	A	S

EGYPTIAN

ELECTRIC

LIGHT

NAVY

PERIWINKLE

POWDER

ROYAL

SAPPHIRE

SKY

STEEL

TEAL

TRUE

TUFTS

ULTRAMARINE

THINGS WITH WINGS

ANGEL

ASH KEY

BAT

BEETLE

BIRDS

CUPID

DRAGONFLY

EAGLE

EROS

FAIRY

GNAT

GOOSE

HARPY

HAWK

MICROLIGHT

MIDGE

MOSQUITO

MOTH

OWL

PEGASUS

SAILPLANE

SPHINX

STORK

WASP

```
C A E L S R A F S D S T A R K
Y I P H A R P Y B A I E C V J
G F E J N Y W H I C A P R C O
O N G A N G E L R B O S U O P
O A A I Y E P S D M E W A C S
S G S T M L L M S I H E O W W
E L U N A O I L Z C L A T X Y
B I S N L D S H H R W U W L J
F S E A G L E Q E O W L F K E
X L P E Q Z Y S U L S N N J G
O Z B H Z O T N V I O H T O M
A A S Y I O W X A G T E F U N
T O V S R N J A A H K O H J F
A S H K E Y X R S T Y R I A F
A U V Q T V D E X P S Z I N S
```

ALICE

CINDERELLA

DWARVES

ELVES

GENIE

GIANT

GOLDILOCKS

GRETEL

HANSEL

LUCY LOCKET

```
S P N I K P M U P I E T A Y S
N E I N E G I E F H A N S E L
O U W A L B U D B U D A B U R
W K G A L L E R E D N I C Y S
W W R L C A O P S N N G D E K
H M A R Y M A R Y U O N S T C
I P Q S K D J S T T E E E H O
T A L I C E U S I W L K V U L
E R J O L O I C E N C U R M I
H U E V D N K D K O B G A B D
C S E D M U D S L L Z A W E L
T S X A H T R Y G Y I K D L O
I J Y S S E C N I R P N D I G
W L D F E U N N A H F B G N A
K I V U L U L E T E R G A A G
```

MARY MARY

NUTS IN MAY

PRINCESS

PUMPKIN

RED HEN

RUB-A-DUB-DUB

RUDOLPH

SINBAD

SNOW WHITE

THUMBELINA

TROLL

UGLY DUCKLING

WENDY

WITCH

 **CARTOON CHARACTERS**

BAMBI

BETTY RUBBLE

BLOSSOM

BUGS BUNNY

DANGERMOUSE

DUMBO

ERIC CARTMAN

FELIX

GARFIELD

HOMER SIMPSON

JERRY

MR MAGOO

NATASHA FATALE

PLUTO

POPEYE

RAPHAEL

SMURF

SNOWY

SPIKE

THUMPER

TINTIN

TOM

TOP CAT

TWEETY PIE

```
B D X N O S P M I S R E M O H
U L U I W E P T K S L Y U O L
A D O M L L Q I A T K W F E P
B B L S B E A X K C M J L S G
I B U E S O F W P E P A N T E
B R U G I O T M Q Y T O O W L
M E J R S F M F D A W H T E B
A P E L K B R T F Y A O U E B
B M R V E U U A O S Q O L T U
T U R N M A H N G M A G P Y R
I H Y S L S H V N K A A X P Y
N T L T A P O P E Y E M E I T
T L Y T A Z V E A N Q R R E T
I Y A E R I C C A R T M A N E
N N E E S U O M R E G N A D B
```

 **UNDER THE GROUND**

BOREHOLE

BULBS

BUNKER

CABLES

CARROT

CAVE

CORM

CRYPT

DRAIN

DUNGEON

GEMSTONE

GOLD

HADES

MAGMA

MINESHAFT

MYCELIUM

RHIZOME

ROOTS

SEWER

SILVER

TUBER

TUNNEL

UNDERPASS

VAULT

F	L	F	E	M	O	Z	I	H	R	Y	J	S	Z	M
B	Z	E	Z	R	D	U	N	G	E	O	N	B	T	R
O	E	X	S	E	L	O	H	O	M	U	H	L	U	O
R	C	B	T	K	R	I	P	L	Z	M	I	U	N	C
E	C	J	T	N	D	A	P	D	Y	L	N	B	N	M
H	R	Q	M	U	Y	H	H	C	E	D	E	Y	E	I
O	G	R	E	B	U	T	E	E	E	Z	H	S	L	N
L	L	T	S	I	D	L	N	R	R	A	S	E	M	E
E	I	L	O	D	I	O	P	Y	D	P	X	L	T	S
R	S	U	R	U	T	A	R	E	W	E	S	B	C	H
Q	E	A	M	S	S	E	S	V	M	U	E	A	R	A
A	I	V	M	S	V	R	O	O	T	S	R	C	Y	F
N	X	E	L	A	W	X	G	W	S	R	Z	B	P	T
J	G	I	C	I	G	N	T	V	O	C	U	S	T	D
M	A	G	M	A	S	U	A	T	E	W	G	W	U	Q

DRUIDS

AKASHA

ANCIENT

BARD

CEREMONY

CLOAK

CRYSTAL

GORSEDD

GROVES

HEALING

HOLLY

IMBOLC

LUGH

MAGIC

MISTLETOE

POETS

PRIEST

RELIGIOUS

RITUALS

SACRED

SOOTHSAYER

STORIES

SYMBOLS

TEMPLES

WISDOM

```
Y C Y N O M E Y N O M E R E C
D S U O I G I L E R T D Z R C
O T C L M O D S I W M G N I L
A A I I F E J O T F H Y E T C
H H G M P C H O L L I O W U K
S W A B Q E M T U E E S L A Q
A J M O A C T H F O T T E L S
K A O L C N X S K C S E O S Y
A Y I C E D T A R J E O R E M
D N S I A E D Y C H I P R I B
G E C T M Y S E V O R G H R O
D N R P L T K R S T P B T O L
A R L C A U U R M R S L Z T S
W E A L A M G O S E O D D S U
S T M B L S B H O O C G B V C
```

CALENDAR

AUGUST

CHRISTMAS

DATES

DECEMBER

EASTER

FEBRUARY

JULIAN

JULY

JUNE

MARCH

MAY

MONDAY

MONTHS

NEW MOON

NOVEMBER

ROMAN

SAINTS' DAYS

SATURDAY

SEASONS

SEPTEMBER

SUNDAY

THURSDAY

WEDNESDAY

WEEKS

```
C V Z I Y R A U R B E F N D J
S A M T S I R H C J W O E M U
H P N O V E M B E R O C Y Y L
C S Q W R W V F J M E E A S I
P E P O E J L M W M Z D A J A
Q J M F U D A E B J N I E N N
W A U L W Y N E S O N Z E Q R
N T Y N E V R E M T P C H H E
T H Q E E S E A S O N S C P B
Q U T A K N W D Y D N R K X M
T R R S S W A T A T A T P G E
T S I T U Y X L D M S Y H R T
Y D P E S G G S N X E E Q S P
K A O R R D U S U F W W G O E
D Y A D R U T A S M D A T E S
```

 **Y WORDS**

YAHOO

YAKS

YAMMERING

YARG

YARNS

YASHMAK

YAWLED

YAWNING

YEAST

YEMENI

Y	G	X	E	O	E	Y	G	N	I	N	W	A	Y	Y
Y	A	R	V	O	O	R	Y	A	U	E	E	C	E	V
G	E	K	A	R	Y	U	I	M	H	R	Y	C	Y	Y
O	T	A	K	Y	P	E	S	H	C	Y	P	U	O	A
Y	C	E	S	P	K	A	M	H	S	A	Y	Y	L	M
O	R	Y	I	T	Y	E	P	E	G	K	N	Y	K	M
Y	L	E	D	O	Y	I	Z	A	N	I	R	U	P	E
M	S	H	G	Y	Y	U	E	H	L	I	Y	O	D	R
M	W	A	Y	N	Y	S	P	T	D	A	N	E	Y	I
U	Y	W	R	Y	U	M	E	O	A	Z	L	P	E	N
Y	R	O	Y	C	U	O	N	Y	R	W	R	A	Y	G
Y	E	T	G	A	U	C	Y	Y	A	E	N	U	I	W
B	K	F	V	U	H	V	K	Y	S	F	K	C	F	N
E	Y	A	K	S	R	O	G	Y	H	O	W	D	U	O
Y	A	R	S	V	W	T	O	S	N	R	A	Y	P	Y

YEW

YODEL

YOGURT

YOLK

YORKER

YORKSHIRE

YOUNGER

YO-YO

YPRES

YUCCA

YUCKY

YUKON

YUMMY

YUPPIES

TOOLS

ADZE

AUGER

CHAINSAW

CHISEL

CHOPPER

CLEAVER

DRILL

DUTCH HOE

ELECTRIC SAW

FORCEPS

GOUGE

HAND VICE

HAY RAKE

KEYHOLE SAW

PLANE

PLIERS

PRUNING KNIFE

PUNCH

ROLLER

SCREWDRIVER

SHEARS

SHOVEL

SPADE

WOOD SAW

```
S V S J C T C D R U L S Q H W
R P R E P P O H C E P X C C A
A R A A I G D P A A G D T N S
E U C E Z D A O D N R U K U C
H N E R P T T E I D D A P I
S I A O W K T C L E A V E R R
P N L L H A E L F H J S I G T
E G G L P H S Y G O U G E C C
C K W E M A C D H A Y R A K E
R N P R A C A T O O R Q Z V L
O I L E V O H S U O L G V I E
F F I G R E V I R D W E R C S
D E E C H A I N S A W L S X T
R U R N S W I L T E V Z V A I
E I S S C E K A S W L Y G X W
```

LUMPS AND BUMPS

APPENDAGE

BALL

BLOCK

BOLUS

BULGE

BURR

CARBUNCLE

CHUNK

CLOD

GNARL

HUMP

INJURY

KNOT

KNUR

MASS

NODULE

NUGGET

PIECE

PIMPLE

PROJECTION

SLUB

TUBER

WAD

WEDGE

```
T K K D U Q T I A P M T E P K
R E Y N L P U D N Y M L E E H
S D G E U P F H Q L C U G B R
N K P G P H R M W N E D H R W
B C M A U N C O U A E S U A L
W K O D G N A B J W Q B W A L
X N R N X B R T M E Q E Y U E
Y U A E G A O A I M C J M M O
G R Y P C M K L W P F T Y E N
L D W P T C A U U B B R I T F
P A O A O T S S U S E N P O U
D E K L B S I L S B J C U N N
K R B A C F G L U U W G E K T
O F L M S E S T R B V H U I A
E L U D O N I Y P I M P L E P
```

TITLES

BARON

CAPTAIN

CORPORAL

COUNTESS

DOCTOR

DUKE

EARL

ESQUIRE

FATHER

KAISER

Y	O	R	E	C	I	V	W	R	P	L	N	N	R	X
K	V	B	V	O	H	K	F	A	Q	I	E	C	E	T
A	R	Z	X	Q	I	G	V	S	A	E	I	M	H	P
I	E	S	Q	U	I	R	E	T	U	T	X	J	T	A
S	H	E	I	K	H	B	P	Q	L	O	B	S	A	S
E	A	F	T	M	A	A	S	O	G	R	D	E	F	L
R	J	T	A	R	C	E	R	S	Y	N	O	P	E	A
J	M	D	O	I	K	D	K	Q	E	E	I	U	H	R
S	A	N	K	U	S	E	A	R	L	T	S	K	E	O
M	S	I	D	H	L	U	E	D	E	C	N	I	R	P
E	V	I	I	H	S	V	L	Q	O	Z	Z	U	E	R
R	X	P	M	Q	E	W	P	T	Z	C	G	F	O	O
D	T	R	P	R	A	B	B	I	A	W	T	A	H	C
A	J	L	S	U	G	X	E	X	V	N	F	O	G	U
P	B	C	H	O	A	R	A	H	P	Q	E	H	R	U

KING

LORDSHIP

MADAM

MISS

PADRE

PHARAOH

PRINCE

QUEEN

RABBI

REVEREND

SHEIKH

SULTAN

TSAR

VICEROY

 **HARVEST TIME**

BALES

BEANS

BEET

BINDER

CAULIFLOWERS

CEREALS

CROPS

FEAST

HUSK

LOAVES

MOUSE

MOWING

NUTS

OATS

ONIONS

PEARS

PLUMS

PODS

PRODUCE

RYE

SACKS

SILAGE

STRAW

WAIN

```
X P R P S Q X D W A O C F C H
S L A E R E C E H R A R M N D
C O L F K S Y B C U R O F G I
L A R Q A C E L L C W P B A U
B V M C W A V I D I L S I T F
M E K O N Z F R N J B Z N T G
H S S S U L Y G P L Z K D T L
Y A U P O S T A O H M E E O I
Z M H W R B E Y J I J G R Y Y
L L E S N O I N O W H A P D R
T R Z V S J D T W W Z L E L W
S A Z N D N E U A A U I A S R
G B D U D E U I C M R S R Z R
X U E W B Q N T S E N T S A O
T S D O P E A D S F E A S T E
```

GRASSES

BAMBOO

BARLEY

BEARD

BENT

BROME

BUCKWHEAT

CANE

CORN

ESPARTO

FESCUE

W	H	K	M	A	E	A	S	S	M	Z	T	S	P	J
O	J	F	Y	V	B	F	R	K	C	N	F	S	F	O
D	S	Q	Z	T	E	A	N	O	T	L	Q	M	T	T
A	W	U	C	H	N	O	R	M	O	U	H	R	A	T
E	X	A	T	Z	T	N	V	M	I	M	A	E	D	E
M	N	K	F	R	N	D	I	R	S	P	H	F	R	U
E	E	I	C	C	Y	L	R	O	S	W	M	N	A	C
U	M	N	N	I	L	E	R	E	K	W	A	A	E	S
L	O	G	R	E	L	G	G	C	Q	F	I	T	B	E
M	R	X	T	T	H	E	U	R	H	P	Z	T	Z	F
S	B	W	A	U	R	B	M	L	A	X	E	A	C	D
T	Z	I	M	M	W	S	V	M	U	S	K	R	O	H
A	L	G	K	C	X	G	P	S	U	G	S	R	N	Y
O	T	O	O	B	M	A	B	J	Y	E	L	R	A	B
F	T	X	X	Q	S	S	G	X	W	P	Y	D	D	X

KNOT

MAIZE

MEADOW

MELICK

MILLET

MOOR

OATS

PAMPAS

QUAKING

RATTAN

RYEGRASS

SORGHUM

SQUIRRELTAIL

SWITCH

 **WEIGHTS AND MEASURES**

CABLE

CARAT

CENTIGRAM

CHAIN

CHALDRON

DECIBEL

FATHOM

FIRKIN

FURLONG

GALLON

GRAIN

HECTARE

HOGSHEAD

HUNDREDWEIGHT

LEAGUE

MILLIGRAM

OUNCE

PECK

POUND

QUART

SCRUPLE

SPOONFUL

STONE

THERM

```
N K K F M A R G I L L I M I L
I C N Y P X L M N F G P L T U
K E G N O L R U F I Q U H A F
R P E C E G E Q L U A G Y R N
I D G A L C R C A L I R E A O
F B G L E C A R N E S N G C O
C U X K B V T B W U O R L E P
E H L B I O C D L T O I D L S
N J A H C Y E N S E F U A P V
T P F L E R H I L A A G E U Z
I F N Z D Z A A T M T G H R V
G H K N Z R C H E D H D S C C
R F U T Y N O C D E O V G S Z
A H Y Q P O U N D W M T O H L
M X N O L L A G U M R E H T Y
```

MADE OF PAPER

BAGS

BILL

BOOK

BROCHURE

CALENDAR

CHAIN

COUPON

DIARY

DIRECTORY

DOCUMENT

DOILY

FLOWER

KITE

LABEL

LANTERN

MAP

MONEY

PLATES

POSTAGE STAMP

SACK

SANDPAPER

SERVIETTE

SKETCH PAD

TISSUES

```
J T A S E U S S I T W I K Y V
M N W U B X D B D R H C S W I
P E P A M F E I G A A I Q I W
U M S S S L A R S Y L I O D
D U A N O P U O C E L S H J E
I C V T L S M N W M C L H T K
A O C A S K L K R E O T I O K
R D T Q T E S F M E R K O B B
Y E Z X B T G S H M T B L R Y
S B X A X C A A Y Y E N O M Y
B D L J U H B O T X U C A B C
F R E P A P D N A S H R X L H
J W X B M A L L J U O C V L A
C A L E N D A R R A I P Q N I
R J W F E T T E I V R E S C N
```

PAIRS OF THINGS

BOOTS

BRACES

BREECHES

CYMBALS

DICE

EYES

FEET

FLIP-FLOPS

GLASSES

GOGGLES

S	W	S	S	B	W	S	E	T	A	K	S	Q	T	G
T	C	P	U	T	R	I	L	P	E	V	L	T	N	Q
S	T	O	O	B	H	A	N	D	C	U	F	F	S	B
S	V	L	B	S	L	G	C	G	S	I	T	H	R	V
T	D	F	S	L	O	D	I	E	S	X	E	E	A	K
I	Q	P	N	A	U	P	O	T	S	A	E	N	S	I
R	D	I	A	B	D	H	F	H	R	C	F	E	S	D
R	G	L	E	M	S	C	A	S	H	H	L	B	C	N
U	G	F	J	Y	P	Z	F	E	P	G	V	B	I	E
P	L	C	S	C	E	W	S	P	G	D	E	S	S	Y
S	A	S	Y	T	A	S	C	O	T	F	T	L	S	S
E	S	N	A	H	K	D	G	Y	A	A	A	V	O	Z
V	S	Z	T	S	E	Y	I	Z	R	C	C	E	R	R
S	E	N	S	S	R	Y	U	C	K	T	W	Y	S	U
Y	S	X	T	V	S	W	H	S	E	S	J	E	N	X

HANDCUFFS

JEANS

KIDNEYS

LOUDSPEAKERS

PANTS

SCISSORS

SHEARS

SHOES

SKATES

SLACKS

STAYS

STIRRUPS

TIGHTS

WINGS

AKANE

BRAMLEY

CAMEO

COX'S

ELSTAR

EMPIRE

ENVY

EPICURE

FUJI

HAWAII

IDARED

JAZZ

KATY

MANTET

MCINTOSH

```
I T O C N J R K O O I M B U I
Y B E L R L M C I N T O S H J
C T K S U O S A N T A N A R U
O O E S N U Y J S I Y K S E F
X B T E G U L A T M H W A H A
S U R J W O S K L F A F P T D
M L C A E S U C E G W N S O Y
Q V Q M M L D I V U A D T M N
A D A P E L S N K U I L R E A
I C H J R L E T U W I L A P T
R D A Z I O R Y A O D I K I N
J Z A W P J J O E R P A A C U
Z M I R M B O N S N I N N U S
Q V X U E X J Q O E V Q E R E
C Y N N Z D E J E U W Y G E U
```

MELROSE

MOTHER

MUTSU

NICKAJACK

POUND SWEET

ROYAL GALA

SANTANA

SUNSET

SUNTAN

FRANCE

BASTILLE

BORDEAUX

BOULOGNE

BRIE

BURGUNDY

CAFES

CALAIS

CANCAN

DIJON

GARONNE

GIRONDE

LILLE

LOIRE

MER DE GLACE

NICE

NORMANDY

ORLEANS

PROVENCE

RHONE

ROUEN

SACRE-COEUR

SEINE

STRASBOURG

TOULON

```
R N I B E L E C N E V O R P T
E S G R U O B S A R T S M S O
E J D I G B S E H D D Z E B U
F C E R I N D O A W I L R E L
A R I X L N N W T L J A D L O
O O T N O E C Q Y K O L E L N
E V N R F A H D A N N L G I X
N N I O N S N G N W D E L T U
N G G C R U E O C E R C A S A
O R A O G M R I P A U M C A E
R N M R L L A V N C L O E B D
A H U O E U M N Q E A A R E R
G B I A S S O G D D U F I X O
E R N F C P V B L Y J R E S B
E S N N E L L I L S B M O S Y
```

 **FAMOUS SAILORS**

BEATTY

BLAKE

CABOT

COOK

DE VELDE

DRAKE

DUMAS

ERICSSON

FARRAGUT

FRANCIS

```
N S E C O K X N K H T K Z N N
O N S T O T R A Q H H X R O O
Y N A O S R U B R J O N E S S
R R C U H A R G E C J K F A D
T U L E E L M P A P A C G J U
E H A B Y R S U I R M X U X H
Y T T A E B I I D W R J Z L X
H R D B R J L C C E A A S I L
F A Y Q D F M E S N V T F L H
Q C E O A A K B P S A E S W Z
H A H M H A G A T N O R L O O
H M L A L D R N D K O N F D N
P O R B U R T I I D Z U J Q E
Z G O A Y L S D T O B A C I H
W C X D D H D R F E Y E P O P
```

GRAHAM

HEATH

HEYERDAHL

HOOD

HUDSON

JASON

JONES

KIDD

MACARTHUR

PARRY

POPEYE

STANDISH

TRYON

WATSON

BASSOON

BUGLE

CLARINET

COR ANGLAIS

CORNET

DIDGERIDOO

EUPHONIUM

FIFE

FLAGEOLET

FLUTE

HAUTBOY

HORNPIPE

KAZOO

OBOE

OCARINA

PANPIPES

PICCOLO

POST HORN

RECORDER

SHAWM

SHOFAR

TROMBONE

TRUMPET

TUBA

M	W	T	E	L	O	E	G	A	L	F	J	E	N	C
T	U	A	E	M	A	F	O	L	O	C	C	I	P	A
E	E	A	S	E	P	I	P	N	A	P	B	Y	B	B
P	U	P	S	M	D	F	M	W	A	H	S	E	C	H
I	P	M	M	L	E	I	S	G	H	E	O	O	K	A
P	H	A	C	U	G	V	D	Y	A	B	R	T	P	U
N	O	C	O	R	R	O	F	G	O	N	U	T	B	T
R	N	C	R	E	A	T	L	H	E	B	T	E	E	B
O	I	O	A	D	O	C	U	T	A	R	F	N	B	O
H	U	R	N	R	O	H	T	S	O	P	I	A	N	Y
B	M	A	G	O	I	L	E	M	N	R	S	D	K	X
U	Z	F	L	C	F	N	B	N	A	S	G	A	O	I
G	O	O	A	E	R	O	A	L	O	L	Z	E	V	O
L	E	H	I	R	N	N	C	O	M	O	C	A	T	E
E	N	S	S	E	Y	R	N	D	O	G	D	A	R	J

SUMMER

AUGUST

BEACH

BIKINI

DAISY CHAIN

DAY TRIP

FLIGHT

GARDEN

HEAT

JULY

JUNE

LAGER

MOSQUITO

PLAY

POLLEN

PROMENADE

ROSES

SALAD

SAND

SEASIDE

SHORTS

SUNTAN LOTION

TENNIS

WASPS

WATERMELON

R	I	W	S	E	D	A	N	E	M	O	R	P	L	O
I	C	N	H	U	J	U	N	E	W	V	C	W	A	H
F	E	R	I	F	N	X	P	A	D	E	R	G	G	Q
F	E	S	R	K	A	T	T	G	G	R	O	S	E	S
L	S	T	M	S	I	E	A	D	D	D	A	J	R	E
I	A	I	E	B	R	B	A	N	A	B	E	G	O	A
G	T	J	E	M	N	Y	R	I	L	H	A	M	W	S
H	O	A	E	M	T	E	S	Y	Z	O	E	D	S	I
T	C	L	J	R	O	Y	L	A	B	A	T	I	V	D
H	O	J	I	W	C	S	S	L	D	W	N	I	O	E
N	G	P	U	H	A	H	Q	P	O	N	M	Q	O	N
M	S	B	A	L	A	O	B	U	E	P	A	U	X	N
T	E	I	A	V	Y	R	X	T	I	W	A	S	P	S
Y	N	D	W	Y	B	T	C	O	L	T	H	E	A	T
T	S	U	G	U	A	S	P	G	S	N	O	Q	H	G

TIRED

BORED

BUSHED

DEPLETED

DOG-TIRED

DONE IN

DRAINED

DROWSY

FATIGUED

JADED

KNOCKED OUT

POOPED

RUN-DOWN

SAPPED

SLEEPY

SPENT

USED UP

WASHED-OUT

WASTED

WEAKENED

WEARY

WHACKED

WORN DOWN

WORN OUT

ZONKED

```
T D F E Z I N K E J T E F Y K
U Z E A H X D D W N O L A S C
O T L D K D E O E Y G T W S S
N W C E A P E P N I S D I O A
R L O S O J S T V E E X G R K
O N W O D N U R E P I F U D N
W P P J H S Y Z P L G N E X O
O K X L E P W A U Y P D D D C
T U O D E H S A W W R E E E K
W G U E V V C E H A T H D K E
Q P L B C W A A I S S F R N D
F S U O J R C N A U U Q J O O
Z A P R Y K E W B W O X G Z U
L Z G E E D O G T I R E D V T
N W O D N R O W E A K E N E D
```

BUGATTI

CITROEN

FERRARI

FORD

HOLDEN

HONDA

ISUZU

JAGUAR

JENSEN

LAGONDA

LINCOLN

PONTIAC

PORSCHE

RANGE ROVER

RENAULT

RILEY

SAAB

SINGER

SKODA

SMART

SUBARU

SUZUKI

TESLA

WOLSELEY

```
A D N O G A L O A L U R N C D
Y H A E I S N L Z D B B V T H
E L I T E N S E O T N K A O Q
L M E T Y E V R S P B O L A L
E C O O T J S U I N C D H X S
S R H Z S A B G M L E K A Z D
L F A A S A G I H N E J Y R I
O T L N R G N U A O T Y O S U
W R P U G B E D B J L F K W N
L A A O G E O P I K U Z U S L
E M L F N K R Z V N A Z W U O
Y S S G S T T O X N N T U T C
R A R E G N I S V N E M V S N
J A G U A R C A F E R R A R I
V E I A D U E H C S R O P U L
```

OPERAS

AIDA

ALCINA

DER FREISCHUTZ

DIE FLEDERMAUS

DON CARLO

ELEKTRA

FAUST

FIDELIO

JENUFA

LA BOHEME

LES TROYENS

LULU

MEDEE

MIREILLE

NORMA

OTELLO

RUSALKA

SALOME

SEMELE

SERSE

THAIS

TOSCA

TURANDOT

WERTHER

```
A D L E L L I E R I M Q T Z H
A W B J L P N T B T S I T R C
H R R I L E U E F O D U F D K
S X T Z B R M U W S H E R F T
Y N Q K A L N E S C V O T H C
U Q E N E U R U S A L K A D A
R U D Y Q L F I D E L I O M R
B O S W O U E K S T S N R E H
T N T L O R S O V T C O H A H
S M L E F A T B X A N T N I A
U M A R L B D S R Q R I E D F
A X E O D L U L E E C U S A U
F D M D H B O N W L K E R N N
X E H F E Z G L A B O H E M E
D I E F L E D E R M A U S F J
```

HELP

ABET

ADVISE

ASSIST

BACK

BOLSTER

BOOST

CONTRIBUTE

CRADLE

CURE

EASE

```
I D V Z Z A K F D O K H S X E
K N P H S H E M Y S H T C P V
D U N S E D C K M B V Y U R R
T F I B I A M I C P D H R O E
J S X U U R L R V C S N E M S
T M G I V E A I D T H T A O E
M O R B O D I J R G U U T T C
V R R N L R B O O S T L U E S
W Q E E K A P J A Y P B P C W
Z A T O C P C D D G I U Y N N
F D S K U B Z I L R T G E A U
D V L S G J S Q T O C B S N R
V I O T E B A N F T H F A I S
E S B U U T O K H Y I P E F E
K E J S K C O M I A N A U A S
```

FINANCE

FUND

GIVE AID

GUIDE

HEAL

NURSE

PITCH IN

PROMOTE

SERVE

SMILE ON

STAND BY

SUBSIDY

SUPPORT

UPHOLD

FRUITS

AKEE

APPLE

APRICOT

AVOCADO

BANANA

BLUEBERRY

DATE

FIG

GRAPE

KIWI

LEMON

LIME

LYCHEE

MEDLAR

MELON

PAPAYA

PAWPAW

PEAR

PLUM

PRUNE

ROSEHIP

SLOE

TANGERINE

UGLI

```
S M A W G O O S B I M Q V A F
D H E E J N N P V O L T S L Y
K F E D O O E O A Y T G J V A
Y K A M L V P P J P H D U E V
A I E E A A A N E B A J T P O
H L M P O E R O A T J Y B Z C
Q T P R R W G A E P R W A H A
V L G U W F C N N R R E A U D
E J I N Q N I X E A U I M B O
P X F E A R A B E I N W C I I
N L W V E S E P H A W A U O L
N Q U G O U Q G A R E I B O T
O E N M L Y C H E E V T K E R
X A W B S I N E O W A P W A P
T P I H E S O R Z Y B D Z K B
```

THINGS THAT GO ROUND

CAN OPENER

CASTOR

CLOCK HANDS

COMET

CYCLONE

DREIDEL

DRILL

GRINDER

LAZY SUSAN

MILLSTONE

MOON

PLANET

RACING CAR

RECORD

ROTOR

SATELLITE

SPINDLE

SPINNING TOP

TORNADO

TREADMILL

WHEEL

WHISK

WINDMILL

YO-YO

```
E L N A S U S Y Z A L E M R U
W H I S K D O L H E T C E R M
R I R O K C O M E T E D J O T
Y L N G U L U H W H N D Y T X
E F K D L E W H Y I A C P O S
F L L I M D A E R T L Y E R D
S P I N N I N G T O P C N N N
B A A G U E L Z G L A L O A A
K R T Z M R M L E N R O T D H
O E X E L D X C O L M N S O K
Y C D L L Q X P A S D E L R C
O O I G T L E X A S C N L E O
Y R A C G N I C A R T P I T L
D D J E E N H T O P E O M P C
W O W R F T S P E V P M R T S
```

END AT THE END

AMEND

ATTEND

BOYFRIEND

COMPREHEND

DEPEND

DESCEND

EXTEND

FIEND

FORFEND

GODSEND

INTEND

LEGEND

OFFEND

PORTEND

PRETEND

RECOMMEND

REVEREND

STIPEND

TRANSCEND

TREND

UNBEND

UPEND

WEEKEND

WEND

```
D N E P I T S D E D E N D D D
E D N E O O N E N I D E Y N N
D P P V L E C E U N N F D E E
A N P O P E M B E U E T R W I
M Z E E R M G P G D H R E N R
E D D Q O T U E E I E A V D F
N T N C E E E S N A R N E N Y
D D E E O N C N V D P S R E O
G R I N F E D D Z M C E F B
O T F O N F N N D I O E N R B
D R E D R E O P E N C N D O A
S E N N K L E T Y T E D I F R
E N S E A N S Y Q E E T E X E
N D E U D D N E B N U R T N N
D W D N E T X E D D I M P A D
```

ALABASTER

ASBESTOS

CHERT

COAL

EMERY

GABBRO

GRANOPHYRE

GREISEN

IGNEOUS

JARGOON

P	J	K	N	J	Y	N	R	S	B	T	G	X	C	Q
J	P	T	C	R	D	L	F	Y	C	V	M	N	W	U
F	A	T	N	A	E	T	A	L	S	O	I	A	R	R
G	F	S	S	P	M	T	A	O	N	Z	R	O	R	A
J	R	U	P	S	N	F	S	Y	C	T	R	I	K	L
C	A	A	T	E	C	N	X	A	C	B	J	N	A	I
H	I	R	N	E	R	H	C	F	B	K	N	D	S	T
A	G	Q	G	O	L	Z	I	A	S	A	K	S	B	E
R	N	R	J	O	P	I	G	S	F	I	L	K	E	Z
T	E	J	E	U	O	H	T	N	T	N	B	A	S	O
N	O	M	U	I	C	N	Y	U	I	K	P	R	T	Y
K	U	W	E	H	S	L	I	R	R	D	R	N	O	B
E	S	H	E	R	K	E	T	L	E	N	I	P	S	Q
C	I	R	S	G	Y	Z	N	A	E	U	R	Q	K	W
X	T	A	N	N	P	O	G	A	L	G	J	H	Z	W

JASPER	SCHIST	SPINEL
JET	SCORIA	TUFF
MARL	SKARN	URALITE
ONYX	SLATE	ZINC
RUTILE	SPAR	

VEGETABLES

ADZUKI

BROCCOLI

CAULIFLOWER

CELERY

CRESS

EGGPLANT

ENDIVE

ESCHALOT

FENNEL

FRENCH BEAN

KALE

LENTIL

MAIZE

MUSTARD

OKRA

ONION

PARSLEY

PEAS

PULSE

RADISH

SALSIFY

SPINACH

TOMATO

YAM

```
I R Y F I S L A S P I N A C H
S S E R C L B E A N E E N P Y
Z E W T E L O H Z O R K U A E
Z T A K L W E C V I I A R R L
W V A N E D O N C N A F A B S
R L F C R R Z L N O R M D A R
E S A L Y M T R F E R T I R A
D I C E M E F O N I F B S G P
R K S N B F S C L O L Z H A A
A U E T F J H L T A E U P N Y
T Z N I A B R A U N H E A E O
S D Y L E D M S D P A C T C K
U A E A V O L I Y S S X S A R
M P N B T M V Y D Y J M F E A
H K I B Q E T N A L P G G E V
```

WILD WEST USA

BLACK BART

BOB FORD

BOUNTY

CATTLE

DEPUTY

DOC HOLLIDAY

FAST DRAW

GAMBLER

HENRY STARR

HORSES

HOWDY

LASSO

MARSHAL

OK CORRAL

OUTLAWS

POSSE

RODEO

SADDLE

SALOON

SHERIFF

SPURS

STEER

WAGONS

WANTED

```
W V L D O O X D E J L N A Y Q
H A O E W U U O F L P B T A A
T Q D P E T E C H W L N C Z E
D O J U F L E H X S U S Z L R
R E O T U A O O A O H F T E S
R S T Y H W N L B E A T L V A
A N R N D S O L R S A B C A D
T O A Y A O P I T C M L R M D
S G B T N W F D J A A D O A L
Y A K H Q F R A G R R Y S R E
R W C O Z A S Y R O P O S S E
N Y A R W T X O F F A Y A H E
E L L S E I C B H U X C L A D
H L B E U K O X S P U R S L F
K H R S O B N Y M Q D O Z C J
```

INVENTIONS

AQUALUNG

ATOM BOMB

BICYCLE

CAMERA

CEMENT

CLOCK

COMPASS

CORDITE

CORKSCREW

DYNAMO

GLIDER

HOLOGRAM

HOT-AIR BALLOON

LASER

MOTOR CAR

PLASTIC

RADIO

REVOLVER

ROBOT

TERYLENE

TORPEDO

VELCRO

VINYL

WHEEL

```
E O O B Z V M Y O S R C D R J
V W E R C S K R O C E I M H H
R T K T C W Q C E L V T W O K
A A D C E L C O A S I S T L C
R M C B H O E Q T P A A D O O
E S Z R M X U V O O I L W G L
M Y Y P O A M E M R R P H R C
A T A T L T L E B E P P E A W
C S O U N C O A O V L D E M C
S O N B Y E L M M O I Y L D H
N G R C O L M Q B L K N N Q O
K A I D O R D E G V F A J I I
U B F O I D A R C E B M F B V
D I N I V T V Z J R J O V P G
L V Y O S P E N E L Y R E T E
```

THREE ES

BEEHIVE

CREDENCE

EERIE

EMBEZZLE

EXPENSE

FEEDER

GENTEEL

HEEL-BONE

JEZEBEL

LEGATEE

MELEE

NEEDLE

OVERSEER

REFRESHMENT

RELENTLESS

RESEMBLE

SECRETE

SETTEE

SLEEVE

TELETYPE

THREESCORE

TRENDSETTER

TWEEZERS

WHEEZE

```
F E R O C S E E R H T E E S S
E E H U K K E K S A L D E S E
E F S S O V E R S E E R T E C
R C E N E E H O E Y N R T L R
T C I E E Q P T E C E O E T E
N E L L D P N Y D T R F S N T
E S S Z X E X U T Y E H O E E
M R N Z G X R E O E O B C L E
H E E E E O S E Z Q L O D E C
S Z U B E D C V E E L E M R N
E E L M N E C I E T E C T E E
R E O E R O D H O N A H E A D
F W R E L B M E S E R G W L E
E T E I B S E E R E E G E C R
R E E T E L E B E Z E J M L C
```

A WORDS

ABLUTIONS

ACETONE

ACTUALLY

ADVISE

AFFORDED

AGAINST

AITCH

AMBER

AMOUNT

ANNUL

APPROXIMATE

AQUIFER

ARMY

ARRESTING

ASPIDISTRA

ASTUTE

ATOMIC

ATROCITY

ATTENDANCE

AVENUE

AWRY

AXIOM

AZTEC

AZURE

```
A N Q A C T I A K G T A Y R A
A R R E S T I N G I P R A E A
A M K O A I A A V P W F S V O
Y O B B A U V C R A F C S A N
E I A E K Y L O F O P E N A D
Y X R E R T X K R Q R T O A A
E A A R C I A D D U N Z I Y S
Y U I Q M N E A Z P A A T H P
L G N A U D A A E O O I U C I
L U T E S I V D A N C A L T D
A E N E V A F J N O O S B I I
U Q B N H A F E R E W T A A S
T S N I A G A T R W T U E F T
C T N U O M A C I M O T A C R
A A Y V A I U A G I D E A G A
```

COINS

ANGEL

CROWN

DANDIPRAT

DENARIUS

DIME

DOLLAR

DOUBLOON

DUCAT

FLORIN

GROAT

GUINEA

NAPOLEON

NICKEL

NOBLE

OBOL

POUND

REAL

SESTERCE

SHILLING

SIXPENCE

SOLIDUS

SOU

SOVEREIGN

THALER

```
P K V R Q I J X B G N S E R I
C T H A L E R K F O T F S T T
N E U B C U Y G O P O U N D A
U O C N I R O L F G D F J A R
L E E R D X B M T I U E M G P
C L C L E U K G L R Z I R K I
Z E L N O T Q O N H Z O N B D
S K Y D E P S D B I A E A E N
U C N T C P A E O T L I B Z A
I I W R U E X N S B A L C E D
R N O W O M C I O K O N I L F
A W A C S I G N S N L L G H N
N W Q A Y D F D O L L A R E S
E I N G I E R E V O S E E A L
D U C A T B F W T Z S D E R U
```

NUTS AND SEEDS

ALMOND

ANISE

ANNATTO

BETEL

BRAZIL

CARAWAY

CARDAMOM

CELERY

COBNUT

COCONUT

CORIANDER

CUMIN

DILL

FENNEL

FLAX

HAZELNUT

HICKORY

PEANUT

PECAN

PISTACHIO

POPPY

PUMPKIN

SESAME

WALNUT

```
P R D E R W R T G T T A L T L
Y E P I A S A F U U B E Y U O
L D I D L A M N N N N D I N F
T N V O T L L A A N B O S L U
U A A T S E E N E C I O V A L
N I D T Z P I F J H U E C W N
O R Y A D S Z Y C P O P P Y C
C O H N E B A A A P P E C A N
O C Y N R I T I I E W B X R I Y
C R A A M S F H F M A D I D R
H E Z L I B E T E L A R C N E
N I K P M U P R F M N S A U L
L H I C K O R Y O W F E E C E
C A R L V E N M K E S A H S C
S O H C E Q H D N I M U C O S
```

OPINIONS

AXIOM

BELIEF

CANON

CONSIDERATION

CREED

DEDUCTION

DOCTRINE

DOGMA

FAITH

GUESS

HUNCH

IDEA

JUDGMENT

MIND

NOTION

POSITION

PREMISE

REACTION

STANCE

TENET

THEORY

THESIS

THOUGHT

VIEW

```
N C R S N U P H W L M T N U D
O H R T I H N E G O Z O A F S
I W T E T S N X I I I Y E F N
T G R I E I E X F T B I D O I
C S A I R D A H C X L K I T T
U F T T E N A A T E O T B H N
D D C A V D E M B X A M G E O
E O M J N R V O G R Q U J O I
D P X I T C P U E O O T U R T
K I M E J Y E D Q H D N D Y I
T F N N R S I V T D G O G C S
A E L P S S I G G H X I M A O
T Z A D N E H C N U H T E N P
J U V O W Z L Q I G H O N O P
M V C Y E S I M E R P N T N M
```

VOLCANOES

COLIMA

DIENG

FUJI

IZALCO

JEFFERSON

KETOI

KOKO

KRAKATOA

MAUNA LOA

MAYON

MERAPI

OAHU

PAUZHETKA

PELEE

PINATUBO

POPOCATEPETL

SABATINI

SUMACO

TAAL

UDINA

UZON

WUDALIANCHI

YASUR

YEGA

```
A W K P L M O B U T A N I P Y
N O S R E F F E J I K J O K A
Z A G U U L Y K B U G E B Z S
V I K J M O E Z K M A S T P U
G H I T H A B E I Y A O W O R
M C L L E B C P G B E K K P I
X N D W G H A O A M E G R O J
Z A I I H R Z T A H O J A C K
U I A T E U I U V D S R K A A
K L A M X N N H A E F U A T N
L A O A I A G P F P H S T E I
L D O Y L L R E Z A T F O P D
G U W O U T O Y O U B I A E U
G W A N J R O C X O B N U T W
W B Q S O C L A Z I Q D G L Z
```

Solutions

1

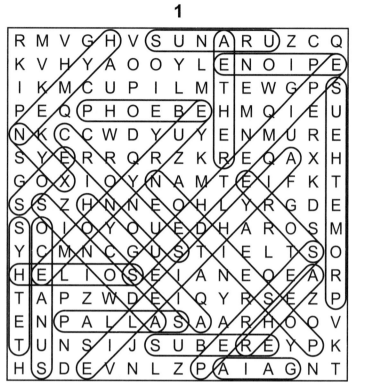

2

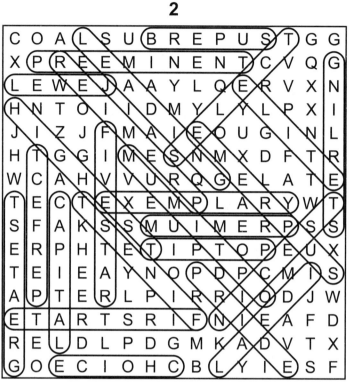

3

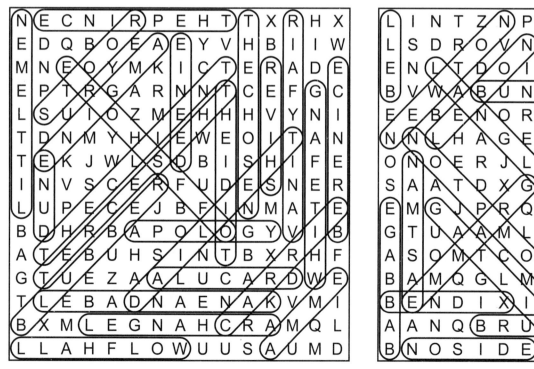

4

 **Solutions**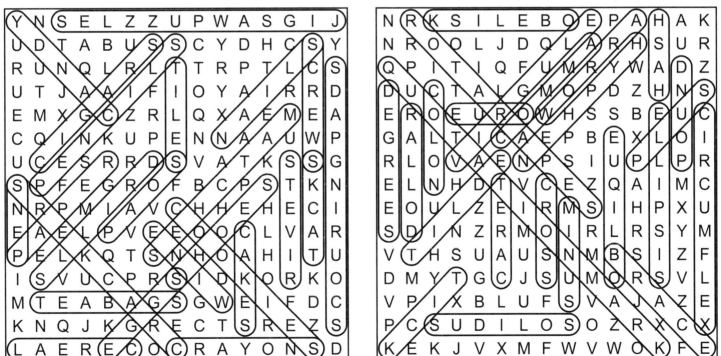

5

```
R J S S A T E F F A T S K K E
H U I O R K T C G B E R M K D
R D L A W N O N S M G Q V G Y
D I K G B A I Z E S E A Z V T
P E A M K K L Q O T X P V Q Z
V G N H C R E K C U S R E E S
C Z R I L D O A G X H A N R O
D W T E M E C U P U S Y X E C
I I T D H A M X X A Y O Q G I
S P A U P T M A Z Z K N K R L
E Z L L L O A N C E F S J E A
R L A R P L A E C E A E S C
X Q S U L G E K L M F Y E P X
V N A I R R D T A P E P L U M
M G N O L A R D A R O G N A R
```

6

```
R A O N J Y N D M C J K T S O
E W P X I E P G X A F H U F N
K G L P V S C I W W E Q A S N
C K E O L C I G Z A Z R T A Y
A F M T T E R A B Z N R C R B
R V O X A T I U R F A E R G K
C M N M N E R W S W P E H C R
M C N A M B M A B T H G U A F
A I H W X E W E T C K R B A S
H Q Z E Z D R U C R M A A T E
A C V X E R Z I O N I N R E M
R T A I Y S F P N R I D B T A
G V R E I J E I X G T M I D L
H F B M P W L O S Q U A L W E
T B D R A T S U C H Q E A B C
```

7

```
Y N S E L Z Z U P W A S G I J
U D T A B U S S C Y D H C S Y
R U N Q L R L T T R P T L C S
U T J A A I F I O Y A I R R D
E M X G C Z R L Q X A E M E A
C Q I N K U P E N N A A U W P
U C E S R R D S V A T K S S G
S P F E G R O F B C P S T K N
N R P M I A V C H H E H E C I
E A E L P V E E O O C L V A R
P E L K Q T S N H O A H I T U
I S V U C P R S I D K O R K O
M T E A B A G S G W E I F D C
K N Q J K G R E C T S R E Z S
L A E R E C O C R A Y O N S D
```

8

```
N R K S I L E B O E P A H A K
N R O O L J D Q L A R H S U R
Q P I T I Q F U M R Y W A D Z
D U C T A L G M O P D Z H N S
E R O E U R O W H S S B E U C
G A L T I C A E P B E X L O I
R L O V A E N P S I U P L R C
E L N H D T V C E Z Q A I M U
E O U L Z E I R M S I H P X M
S D I N Z R M O I R L R S I Z F
V T H S U A U S N M B S I Y Z L
D M Y T G C J S U M O R S V E
V P I X B L U F S V A J A Z E
P C S U D I L O S O Z R X C X
K E K J V X M F W F W W O K F E
```

9

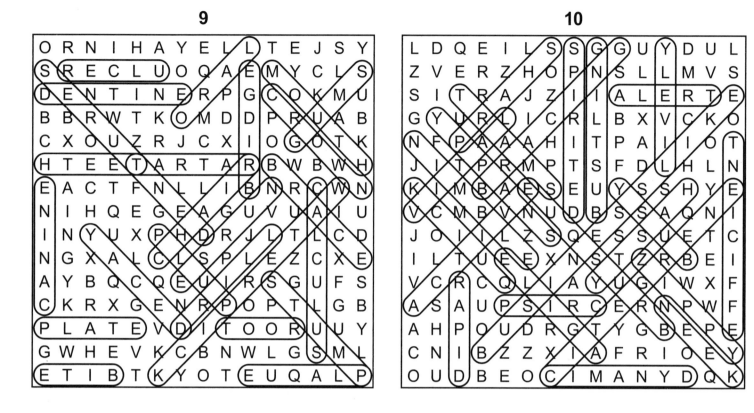

10

11

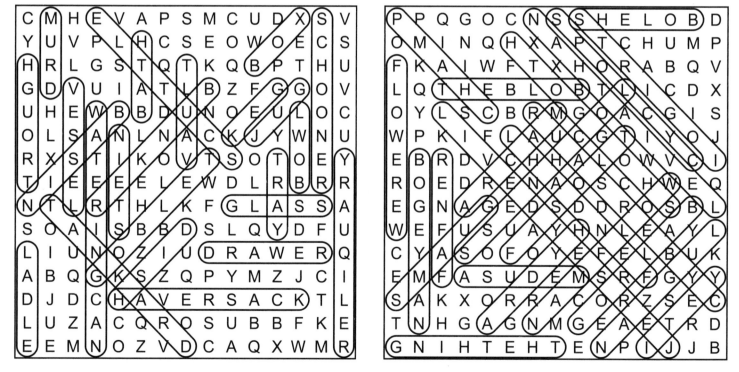

12

Solutions

13

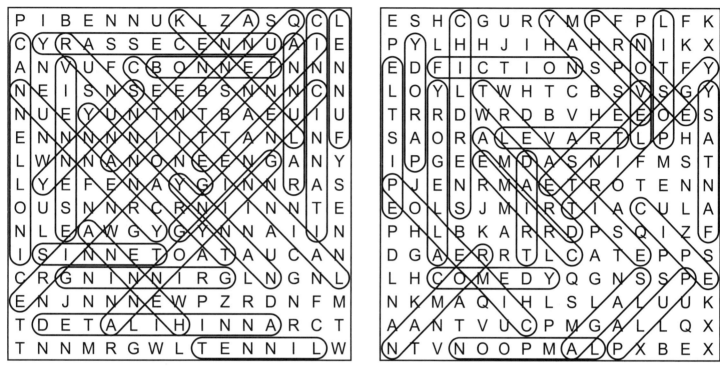

14

15

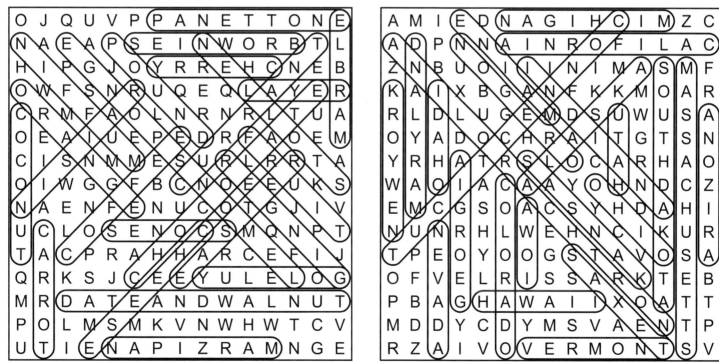

16

17

18

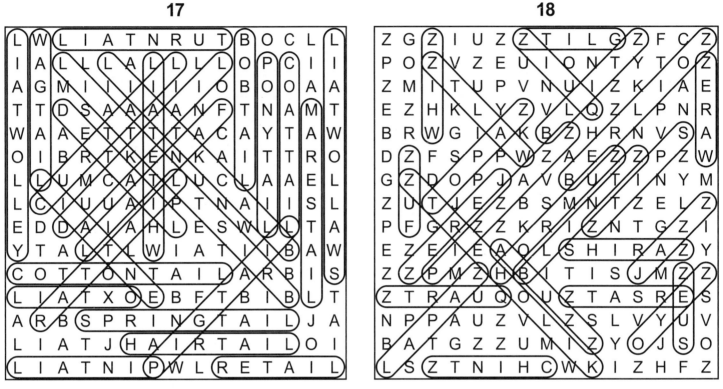

19

20

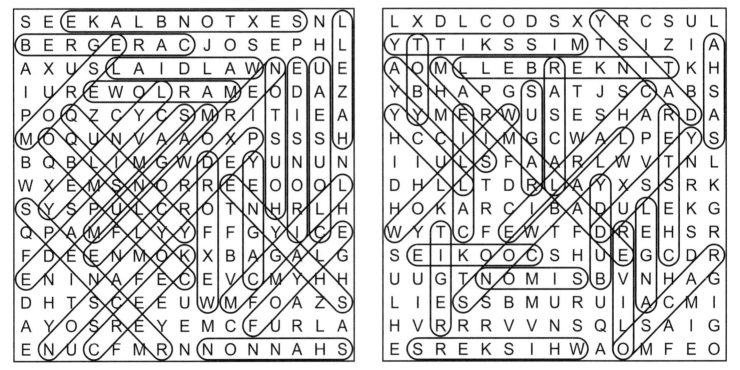

21

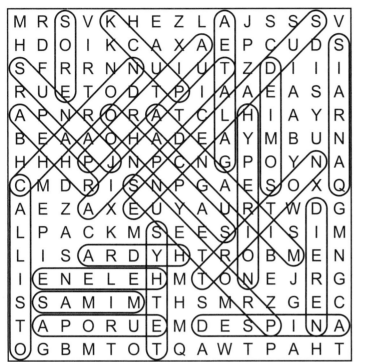

22

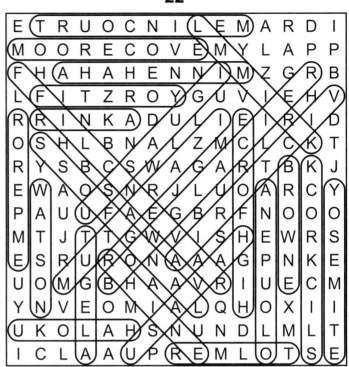

23

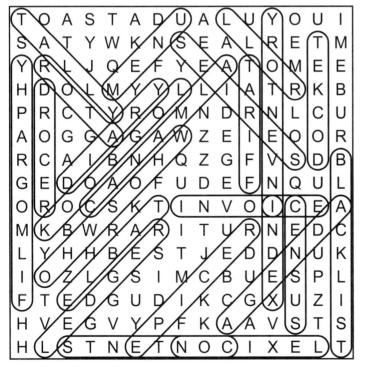

24

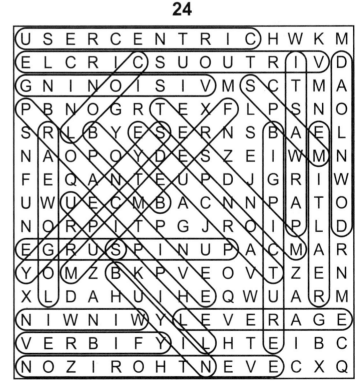

Solutions

25

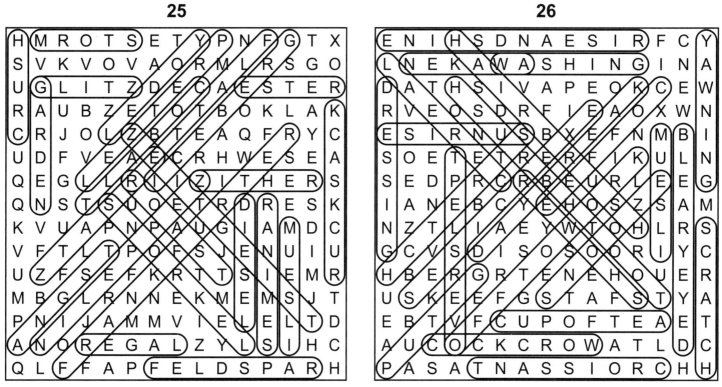

26

27

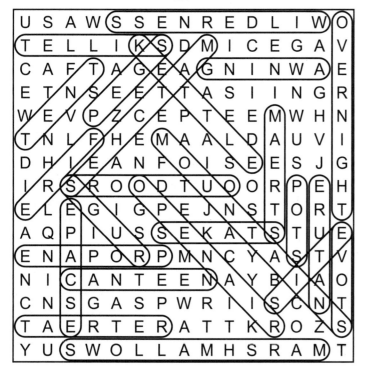

28

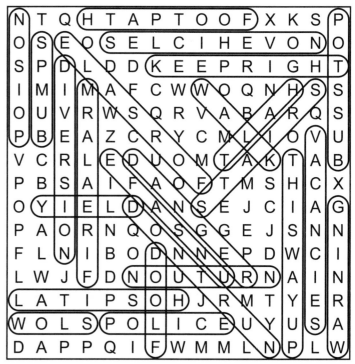

 **Solutions**

29

```
M M A G N E S I U M M A Y H E M M
U M M H M M A R X I S M K S R
N M M M L A J M G M R A I M O F
G L I O E J I M U R A L V S F I
A M M L D D I R M S A T V I N
M E U V L E O A O M E M E R I
M T I M K E R M I M Q U M E S
I O D S A T N N O C E I M N
N E D Y S I N I C D M H N M
I Y M R G M O M I S W K M A P
M D M A G U C T U M M P M R
U O E D R S V R H U M A X I M
M J A A L I E G Y I M Y F M M
M M M I Y A M A E L S T R O M
I G M M M M U T N E M O M S
```

30

```
L O O P L R I H W M V U I L R
H I E D I P D F A I L I V K S
X F T P C W E G Z X N B N E L
O R P K L I M R R N J E D L J
R L L Q A A V Y F U D I P I W
E E T I X O N D I U T R D Q A
X H E N O T A C H Z M O R U V
U S A B E E E K S E H E E I E
E K O M S R V L B N A O S D S
Y V A R G Y R I U M Z D Y C P
E R W A T E R U L V U H E M J
F D E D A C S A C O I E G A A
O J D A E A D Y L R H R V E K
I U W Y Z J B C E U I A C R R
G N I S S E R D D A L A S C O
```

31

```
G E C K H G R O W T H F I R Q
D L L R E F K O H H D Y B V B
F U N M A Z L G T E C R O F Y
B W O A T F I G R N P K D T Q
M O I Y R E N S E E T P I F E
A L T I H E X I S A T V G R B
E F A L L X C L X X I U I D
R F R A D I U S B T A S D T Z
A O E C F P A S I Q S P E E D
W E L F U E U S B E L S R W S
E T E P L R N E R O S I I H F
R A C O O E R P T A H D G Z A
G R C D S W W E M I T Y G H H
J E A J K M E F N H O L V M T
J S B F U V R R U T M H R C P
```

32

```
M Y O E A S N A H T E S N U S
U G A N X R I B V O P W E U U
S S T I L D E G R A I N D F N
T P G R C E F Z N O A N L O G
A X R T Z I M A V P N A L L L
R B L I P V N O L J Z G I O W
D V A C M A A E N B P S E R E
N M U F B R S W Z K U C H E N
I P R Q T Z O C A N A R Y T N
L I Q E X W J S F E A L F C I
I J Z A M M D L E A Q O W I M
B K L L J O O N R E B M A S A
O F P D M W R Y N W A T R C A J
R Z Q T E O W H N K Q D T X J
U T T R C F X M C I L L S R H
```

33

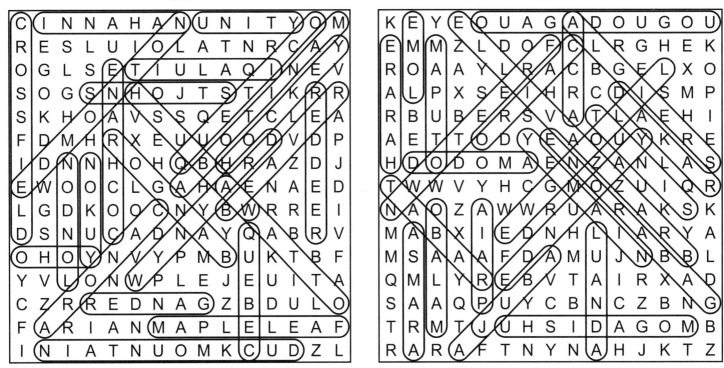

```
C I N N A H A N U N I T Y O M
R E S L U I O L A T N R C A Y
O G L S E T I U L A Q I N E V
S O G S N H O J T S T I K R R
S K H O A V S S Q E T C L E A
F D M H R X E U U O O D V D P
I D N N H O H Q B H R A Z D J
E W O O C L G A H A E N A E D
L G D K O O C N Y B W R R E I
D S N U C A D N A Y Q A B R V
O H O Y N V Y P M B U K T B F
Y V L O N W P L E J E U I T A
C Z R R E D N A G Z B D U L O
F A R I A N M A P L E L E A F
I N I A T N U O M K C U D Z L
```

34

```
K E Y E Q U A G A D O U G O U
E M M Z L D O F C L R G H E K
R O A A Y L R A C B G E L X O
A L P X S E I H R C D I S M P
R B U B E R S V A T L A E H I
E T T O D Y E A O U Y K R E
H D O D O M A E N Z A N L A S
T W W V Y H C G M O Z U I Q R
N A O Z A W W R U A R A K S K
M A B X I E D N H L I A R Y A
M S A A A F D A M U J N B B L
Q M L Y R E B V T A I R X A D
S A A Q P U Y C B N C Z B N G
T R M T J U H S I D A G O M B
R A R A F T N Y N A H J K T Z
```

35

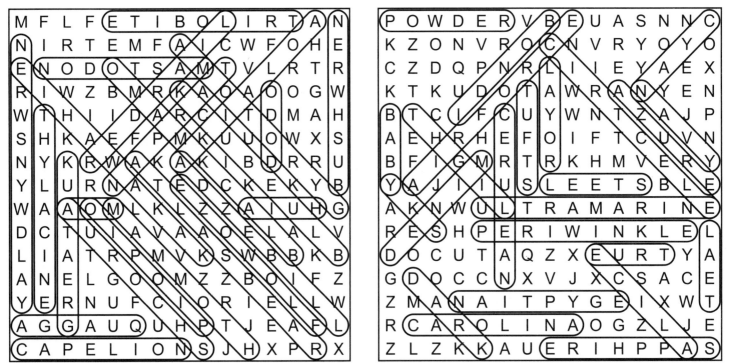

```
M F L F E T I B O L I R T A N
N I R T E M F A I C W F O H E
E N O D O T S A M T V L R T R
R I W Z B M R K A O A O O G W
W T H I I D A R C I T D M A H
S H K A E F P M U U O W X S
N Y K R W A K A K I B D R R U
Y L U R N A T E D C K E K Y B
W A A O M L K L Z Z A I U H G
D C T U I A V A A O E L A L V
L I A T R P M V K S W B B K B
A E L G O O M Z Z B O I F Z
N Y E R N U F C I O R I E L L W
A G G A U Q U H P T J E A F L
C A P E L I O N S J H X P R X
```

36

```
P O W D E R V B E U A S N N C
K Z O N V R O C N V R Y O Y O
C Z D Q P N R L I I E Y A E X
K T K U D O T A W R A N Y E N
B T C I F C U Y W N T Z A J P
A E H R H E F O I F T C U V N
B F I G M R T R K H M V E R Y
Y A J I U S L E E T S B L E
A K N W U L T R A M A R I N E
R E S H P E R I W I N K L E L
D O C U T A Q Z X E U R T Y A
G D O C C N X V J X C S A C E
Z M A N A I T P Y G E I X W T
R C A R O L I N A O G Z L J E
Z L Z K K A U E R I H P P A S
```

37

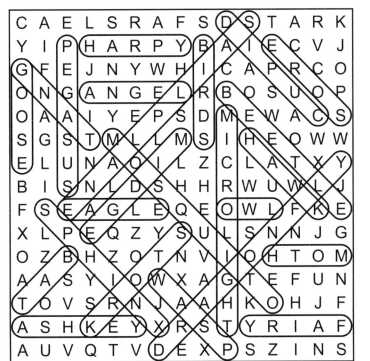

38

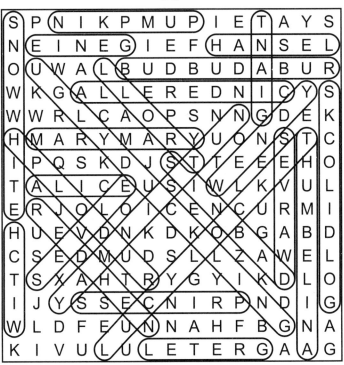

39

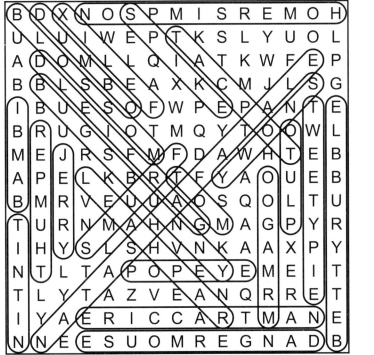

40

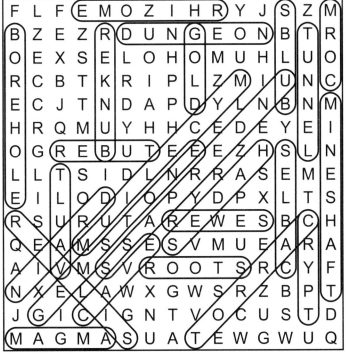

41

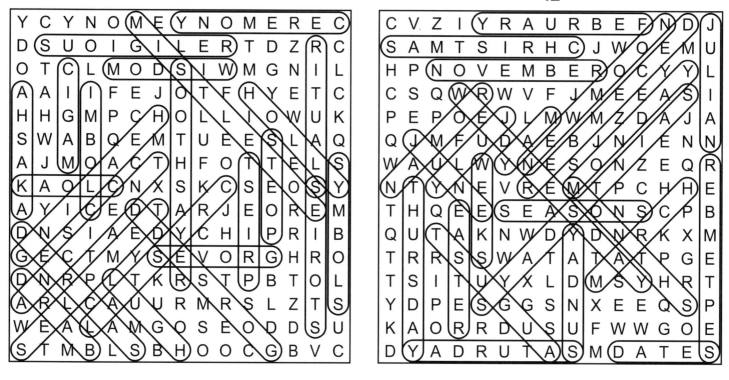

42

43

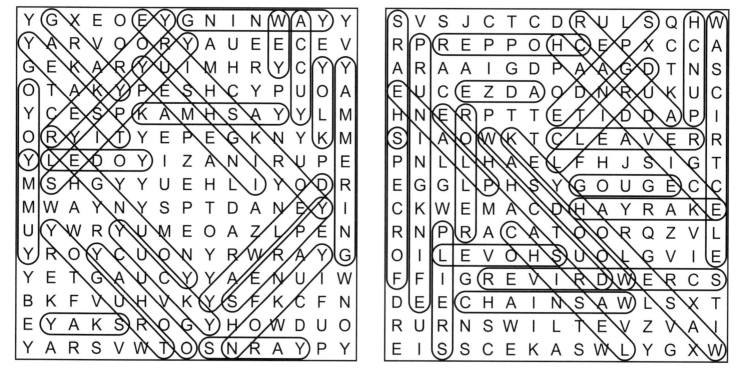

44

Solutions

45

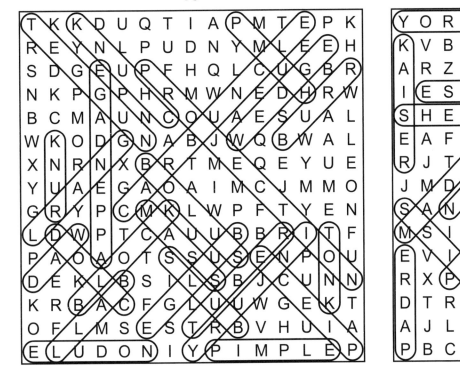

46

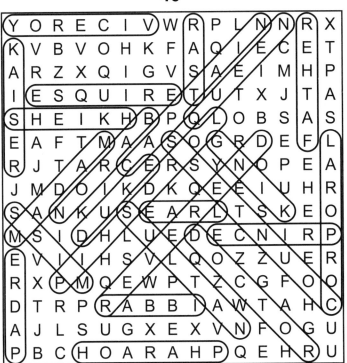

47

48

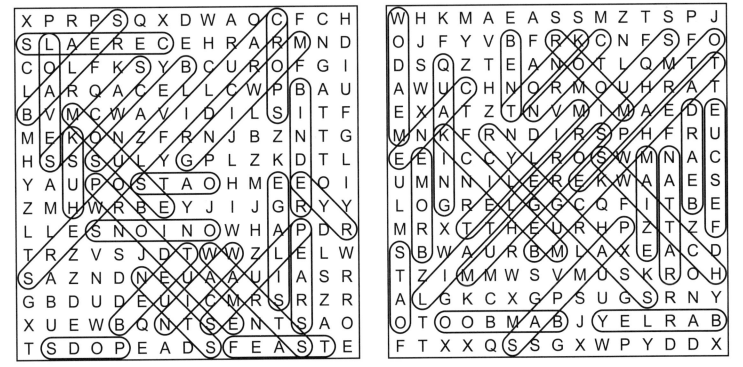

49

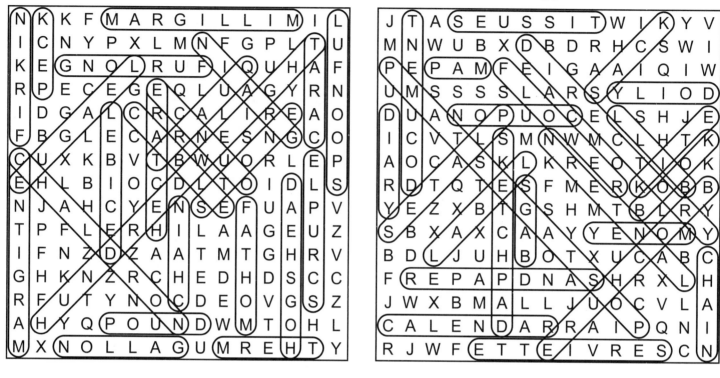

50

51

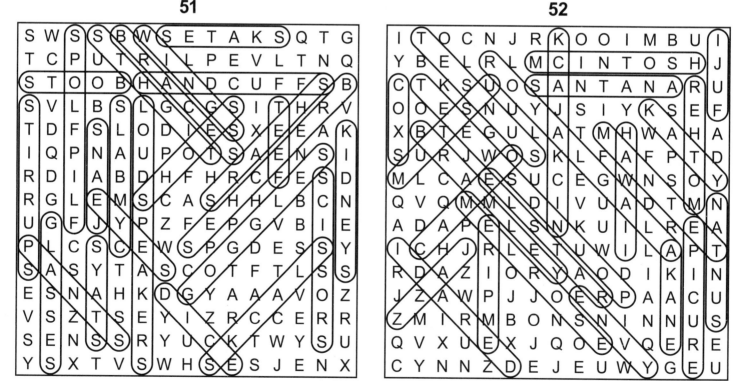

52

53

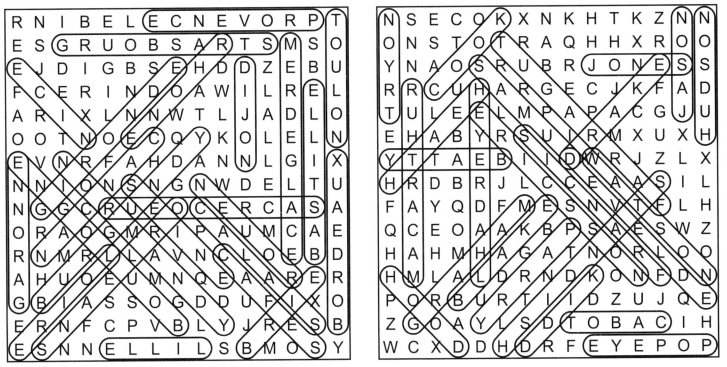

54

55

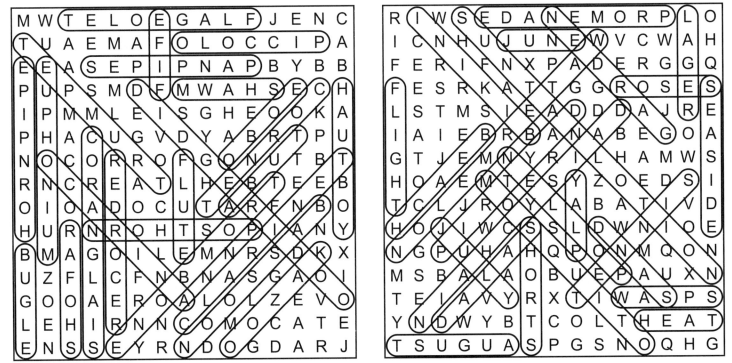

56

57

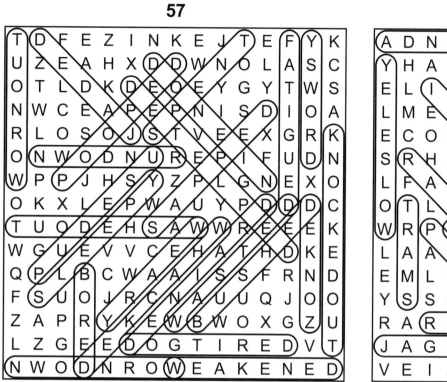

58

59

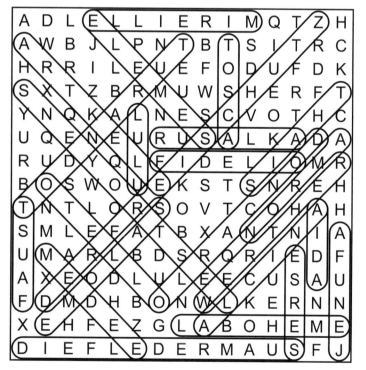

60

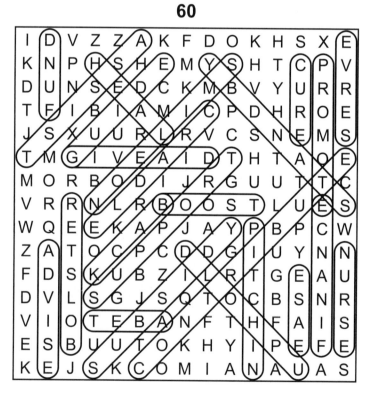

61

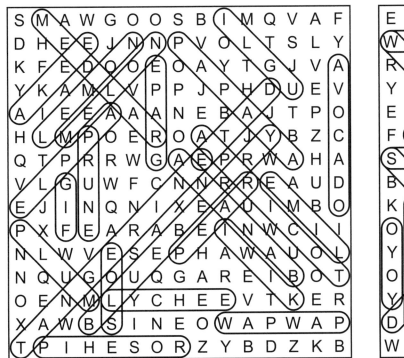

62

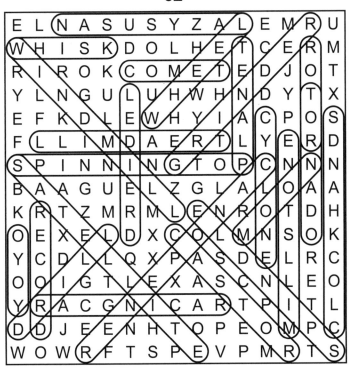

63

64

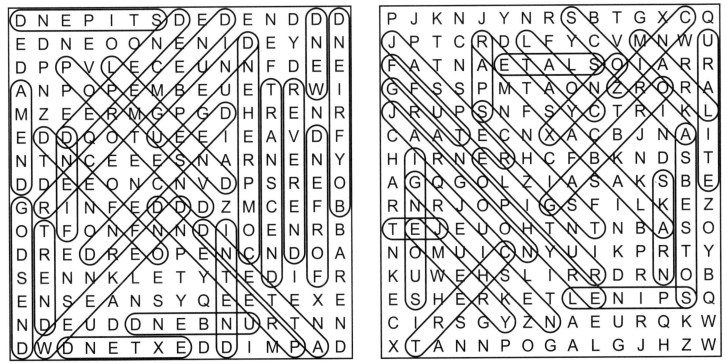

 **Solutions**

65

```
I R Y F I S L A S P I N A C H
S S E R C L B E A N E E N P Y
Z E W T E L O H Z O R K U A E
Z T A K L W E C V I I A R R L
W V A N E D O N C N A F A B L
R L F C R R Z L N O R M D A E
E S A L Y M T R F E R T I R A
D I C E M E F O N I F B S G L
R K S N B F S C L O L Z H A A
A U E T F J H L T A E U P N Y
T Z N I A B R A U N H E A E O
S D Y L E D M S D P A C T C K
U A E A V O L I Y S S X S A R
M P N B T M V Y D Y J M F E A
H K I B Q E T N A L P G G E V
```

66

```
W V L D O O X D E J L N A Y Q
H A Q E W U U O F L P B T A A
T Q D P E T E C H W L N C Z E
D O J U F L E H X S U S Z L R
R E O T U A O O A O H F T E S
R S T Y H W N L B E A T L V A
A N R N D S O L R S A B C A D
T O A Y A O P I T C M L R M D
S G B T N W F D J A A D O A L
Y A K H Q F R A G R R Y S R E
R W C O Z A S Y R O P O S S E
N Y A R W T X O F F A Y A H E
E L L S E I C B H U X C L A D
H L B E U K O X S P U R S L F
K H R S O B N Y M Q D O Z C J
```

67

```
E O O B Z V M Y O S R C D R J
V W E R C S K R O C E I M H H
R T K T C W Q C E L V T W O K
A A D C E L C O A S I S T L C
R M C B H O E Q T P A A D O O
E S Z R M X U V O O I L W G L
M Y Y P O A M E M R R P H R C
A T A T L T L E B E P P E A W
C S O U N C O A O V L D E M C
S O N B Y E L M O I Y L D H
N G R C O L M Q B L K N N Q O
K A I D O R D E G V F A J I I
U B F O I D A R C E B M F B V
D I N I V T V Z J R J O V P G
L V Y O S P E N E L Y R E T E
```

68

```
F E R O C S E E R H T E E S S
E E H U K K E K S A L D E S E
E F S S O V E R S E E R T E C
R C E N E E H O E Y N R L T R
T C I E E Q P T E C E O E T E
N E L L D P N Y D T R F S N T
E S S Z X E X U T Y E H O E E
M R N Z G X R E O E O B C L E
H E E E O S E Z Q L O D E C N
S Z U B E D C V E E E E M R E
E E L M N E C I E T E C T E D
R E Q E R O D H O N A H E A D
F W R E L B M E S E R G W L E
E T E I B S E E R E E G E C R
R E E T E L E B E Z E J M L C
```

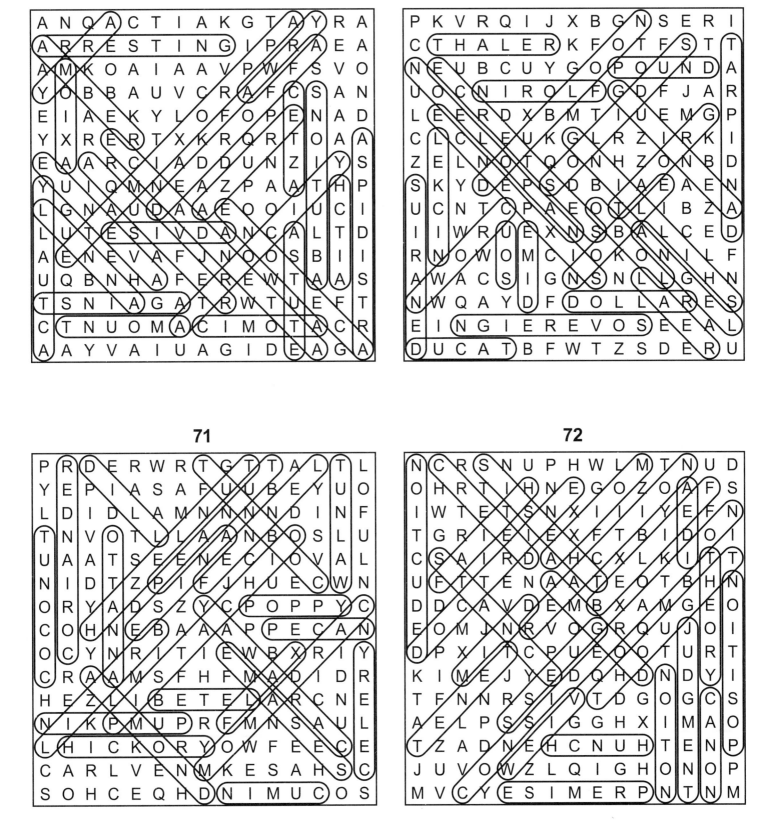

69

70

71

72

73

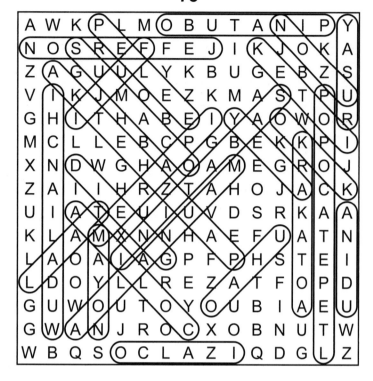

A	W	K	P	L	M	O	B	U	T	A	N	I	P	Y
N	O	S	R	E	F	F	E	J	I	K	J	O	K	A
Z	A	G	U	U	L	Y	K	B	U	G	E	B	Z	S
V	I	K	J	M	O	E	Z	K	M	A	S	T	P	U
G	H	I	T	H	A	B	E	I	Y	A	O	W	O	R
M	C	L	L	E	B	C	P	G	B	E	K	K	P	I
X	N	D	W	G	H	A	Q	A	M	E	G	R	O	J
Z	A	I	I	H	R	Z	T	A	H	O	J	A	C	K
U	I	A	T	E	U	I	U	V	D	S	R	K	A	A
K	L	A	M	X	N	N	H	A	E	F	U	A	T	N
L	A	O	A	I	A	G	P	F	P	H	S	T	E	I
L	D	O	Y	L	L	R	E	Z	A	T	F	O	P	D
G	U	W	O	U	T	O	Y	O	U	B	I	A	E	U
G	W	A	N	J	R	O	C	X	O	B	N	U	T	W
W	B	Q	S	O	C	L	A	Z	I	Q	D	G	L	Z